Davide Destradi

LA SMONTA LA PROSSIMA?

UNA VITA IN CORRIERA

White Cocal Press

In copertina
Disegno di **Sara Paschini**

Direttore editoriale
Diego Manna

Edito da
White Cocal Press
via Biasoletto 75
34142 Trieste
manna@bora.la
www.bora.la

Prima edizione: giugno 2021
ISBN 978-88-31908-50-4

PREFAZIONE

di Michele Scozzai

Nella dodicesima novella de *Le stagioni in città* di Italo Calvino, in libreria per la prima volta nel 1963 per i tipi di Einaudi, il protagonista Marcovaldo - confuso dalla nebbia e da «un quarto di vino, dapprincipio, e poi ancora mezzo litro» - sale su un aereo per Bombay pensando di essere su un autobus diretto in via Pancrazio Pancrazietti. Buon padre di famiglia, manovale ingenuo, buffo e malinconico, Marcovaldo è sorpreso dalla comodità e dall'accoglienza del mezzo, lui che in genere si affidava ai tram perché il biglietto, rispetto ai bus, «costava un po' meno». Erano gli anni del boom economico, nelle città i binari stavano lasciando spazio alla gomma e la letteratura e il cinema, in Italia, raccontavano il disagio di una classe operaia prigioniera dei ritmi fordiani della grande industria, di città cha stavano sviluppandosi in modo impersonale e disordinato, di un progresso che stordiva e non svagava. Di quella classe operaia, di quei ritmi e di quell'impersonalità l'autobus era una delle metafore più vive: straboccante di anime, traghetto dell'Acheronte della modernità, scandiva meccanicamente le giornate di chi ogni mattina attraversava la città per raggiungere la fabbrica, l'ufficio o la scuola, e la sera per tornare ciascuno nella propria via Pancrazietti. Quello di ritrovarsi a bordo di un aereo per «Bombay, poi Calcutta e Singapore», era il sogno che tutti avevano, ma che solo l'imaginifica creatività di Calvino poteva realizzare.

Da allora il mondo è cambiato tante volte e anche gli autobus non sono più gli stessi. Il trasporto pubblico locale è oggi uno degli elementi più distintivi e maggiormente percepiti di un territorio: contribuisce a migliorare la qualità della vita, a rendere accessibili le aree periferiche, a formare abitudini e modelli sociali e culturali. Una periferia poco collegata è una periferia che degrada più facilmente, una città scarsamente servita è una città dove è più difficile studiare, produrre, divertirsi. La correlazione fra trasporti efficienti e attrattività delle aree metropolitane è solida e dimostrata: fare trasporto pubblico negli anni Duemila è partecipare allo sviluppo dei territori, è avere la consapevolezza di essere uno degli elementi capitali, essenziali per la riuscita delle politiche di crescita locali e regionali. Quando scuola, cultura, sicurezza, sanità, lavoro e turismo funzionano, è anche perché funziona il trasporto pubblico.

Da Marcovaldo, il salto di mentalità, di approccio e di metodo è gigantesco. Ma l'autobus, oggi come allora, rimane uno dei più straordinari spaccati di quotidianità: un'allegoria di vite vissute, amori, cortesie, sfrontatezze, inquietudini e gioie, un proscenio di gesta, vicissitudini e aneddoti di cui Ajeje Brazorf, la felice caricatura di Aldo, Giovanni e Giacomo, non è che una parziale rappresentazione. A Trieste, dove vivo e lavoro, non smetto di sorprendermi quando, in qualunque punto della città mi trovi e facendo un giro su me stesso, trovo almeno un autobus nel raggio di qualche centinaio di metri. Nelle ore di punta e nelle zone più centrali, se ne possono contare anche una decina. Il servizio di Trieste Trasporti (di cui Davide Destradi coglie in questo libro le sfumature più spassose e meno note) è uno dei più capillari d'Italia: 271 mezzi percorrono ogni anno 13 milioni di chilometri e trasportano (o meglio, trasportavano, prima della pandemia che ci ha travolti) oltre 60 milioni di passeggeri, coprendo il territorio con quasi 6 mila corse al giorno e una fermata ogni 250 metri. Sono numeri che mostrano come gli autobus, a Trieste, siano non solo dei semplici autobus, ma siano l'abito più informale, dinamico e pratico della città, che abbracciano, muovono e colorano con i colori del mare e del cielo, che sono anche i colori della livrea.

Non deve perciò sorprendere il rapporto stretto, quasi morboso, che il territorio ha con Trieste Trasporti: ogni anno sono migliaia le lettere, i messaggi di posta elettronica e le telefonate che l'azienda riceve da chi vive in città o da chi la città la frequenta per studio o per lavoro. I triestini scrivono moltissimo e, quando lo fanno, hanno per lo più in testa due consegnatari: il quotidiano locale e Trieste Trasporti. Sono convinto che nessun'altra organizzazione, ente o azienda del territorio riceva più lettere di noi e della redazione del *Piccolo.* Nel 2020, quasi la metà delle segnalazioni inviate alle quattro aziende di trasporto pubblico locale del Friuli Venezia Giulia riguardavano Trieste. Le persone ci scrivono per suggerire, ringraziare, segnalare, proporre, raccomandare, chiedere, protestare o magari solo per raccontare. Già, raccontare, perché molte lettere e mail contengono o nascondono tra le righe storie mirabili e toccanti. Lo scrittore e giornalista britannico Gilbert Keith Chesterton, l'autore dei racconti di padre Brown, disse una volta: «Ho lasciato le favole in una stanza della scuola materna e da allora non ho più trovato nessun libro così sensato». Con le debite proporzioni, posso dire lo stesso degli autobus: conosco pochi altri contesti con una tale ricchezza e densità di storie e umanità. Un anziano, una volta, ci chiese come raggiungere Muggia da Roiano, perché aveva saputo della malattia di un suo vecchio compagno d'armi che voleva riabbracciare prima che fosse troppo tardi. Non credo che avesse realmente bisogno di indicazioni, credo invece che volesse semplicemente raccontare quella sua piccola storia e quel suo dolore per l'amico che se ne stava andando, e cercasse qualcuno disposto ad ascoltarlo e a leggerlo. Gli risposi e da allora, e per molti mesi a seguire, continuò a scriverci con una certa frequenza, descrivendo i suoi viaggi e ricordando la sua giovinezza, con amore, sensibilità e lucidità. Anche i mesi drammatici di emergenza sanitaria hanno regalato cronache di grande bellezza, con episodi, quasi quotidiani, di solidarietà e sostegno reciproco fra i passeggeri e il personale aziendale. Come questo, che un utente ci ha raccontato in una commovente lettera nel marzo 2020: «La vita è fatta di risate, ma anche di lacrime. Oggi voglio condividere con voi una storia di angoscia e speranza. L'episodio è di qualche sera fa. Linea 20, via Carducci, sono da poco passate le 19:00. A bordo siamo in tre, più l'autista. D'un tratto sento singhiozzare. Mi volto e vedo una donna in lacrime. È in fondo all'autobus. Ha il cellulare in mano e piange. Alla fermata di largo Barriera il bus si ferma e non riparte. L'autista esce dalla cabina di guida, è un ragazzo giovane, con l'accento del sud, ha la voce e lo sguardo dolci. Chiede alla donna: "Va tutto bene? Come posso aiutarla?". La donna smette di singhiozzare e dice di avere saputo, al telefono, della morte di un suo caro. Mi commuovo, non riesco a trattenere le lacrime. Una passeggera offre dell'acqua alla donna, poi la corsa prosegue. In viale D'Annunzio la donna scende, ringrazia l'autista e gli altri passeggeri. Lo racconto ora e mi emoziono ancora. Lì, quella sera, si è creata una piccola magia». Gli autobus sono anche questo.

Ma non mancano le storie surreali, oniriche, buffe: un uomo, tempo fa, ci scrisse di essere stato contattato dal nostro call center per partecipare alla consueta indagine di customer satisfaction, ma di essere costretto a declinare l'invito. Gli chiesi quale fosse il problema e l'uomo riferì di essere un agente dei servizi segreti incaricato di tenere sotto controllo ciò che accade a bordo degli autobus a Trieste. Ci fece una lunga relazione su come stesse lavorando e sulla rete di informatori su cui poteva contare, dovendone poi riferire a ministri e sottosegretari, e si arrabbiò molto quando gli chiesi, via mail, se ci stesse prendendo in giro: «Sono con il sindaco, il prefetto e il presidente del Consiglio, non posso essere disturbato, ora».

Poi c'è la cronaca nera. Tutti i mezzi, a Trieste, sono dotati di videosorveglianza: 1400 telecamere interne e frontali, per circa 20 ore al giorno, assicurano un controllo del territorio come nessun altro impianto potrebbe fare. Grazie a un protocollo sottoscritto con la Prefettura, le immagini sono a disposizione di magistratura e forze di polizia, che dalle proprie centrali possono accedere ai dispositivi in tempo reale. Non solo sicurezza percepita, quindi, ma anche sicurezza reale, che è qualità della vita, cultura della legalità, civismo. Spesso, con le immagini di bordo, si è dato un contributo decisivo alla soluzione di indagini di rilevanza penale, o per chiarire la dinamica di incidenti stradali. Le telecamere aziendali, dal 2017 a oggi, hanno ripreso furti, borseggi, rapine, molestie, danneggiamenti e in decine di occasioni la notizia è finita in prima pagina. La vita ha tanti colori, e alcuni sono colori cupi.

Il mondo che ho conosciuto in questi anni avrebbe colto di sorpresa anche Marcovaldo: sugli autobus ho visto girare film e spot pubblicitari, sugli autobus ci si sposa (come ha ricordato la collega Alessandra Leone), sugli autobus ci si lascia, si litiga, si legge, si studia, ci si bacia, si ricopiano i compiti dell'ultimo minuto, si gioca, ci si incontra, ci si perde. L'autobus è il ripostiglio della nostra memoria e il luogo dove molti di noi sono diventati grandi (mi rivedo, a otto anni, viaggiare da solo tra Muggia e Trieste sulla linea 20 per andare e tornare da scuola, e ricordo tutte le volte che a bordo mi addormentavo e un autista in piazzale Curiel doveva svegliarmi con la premura e la tenerezza con cui si sveglia un bambino). L'autobus è una sala cinematografica, un teatro, e lo sanno bene i ragazzi dell'associazione Progettiamo Trieste, che da alcuni anni organizzano un straordinario viaggio per le vie della città, a bordo di un autobus di Trieste Trasporti, pieno di suggestioni visive e sonore, di acrobazie e di storie, e durante il quale, dopo un po', si fatica a distinguere la finzione dalla realtà che anima le strade e i marciapiedi.

In ufficio ho un intero scaffale di libri ritrovati a bordo e mai più reclamati. Dai titoli si capisce molto di chi viaggia sugli autobus a Trieste: ci sono diversi romanzi della collezione Harmony, *Lessico familiare* di Natalia Ginzburg, *Delitto e Castigo* di Dostoevskij, *Winnie the Pooh* e il *Giovane Werther* di Goethe, *Lolita* di Nabokov e *Gli indifferenti* di Moravia, i *Viaggi di Gulliver* di Jonathan Swift in lingua originale, alcuni libri in sloveno e tedesco, un vecchio manuale di informatica, molti fumetti. E insieme con i libri, ogni giorno viene ritrovata un'infinità di altri oggetti: ombrelli, cartelle da disegno, portafogli, giubbotti, telefoni cellulari, zaini scolastici, merende, occhiali, persino un minestrone di verdure.

Uno straordinario laboratorio sociale, questo è il trasporto pubblico. Un luogo dove si sperimentano linguaggi, tecnologie, procedure, supporti, innovazioni. Sbaglia chi considera gli autobus dei semplici mezzi di trasporto: sono molto di più. Come cambieranno gli autobus negli anni a venire, lo possiamo solo immaginare: all'orizzonte ci sono la guida autonoma e, nelle visioni più futuristiche, l'hyperloop di Elon Musk. Ma per ora, ciò che vale, ciò che conta è la consapevolezza che il trasporto pubblico, a Trieste, è un elemento fortemente e profondamente integrato con il territorio, con le sue dinamiche, le sue realtà, le sue persone, le sue storie, come Davide Destradi - che mostra di essere un grande osservatore e non solo un ottimo professionista della guida - racconta in queste pagine con la semplicità e la bravura che lo contraddistinguono. Per noi che del trasporto pubblico facciamo parte è una grande responsabilità e una bella sfida. Che vinceremo se la prossima volta che Marcovaldo salirà su un mezzo pubblico, riusciremo a fargli credere di essere su un aereo pur essendo a bordo di un autobus.

PREMESSA

Quante volte al capolinea, in deposito, in mensa o sui vari gruppi di Facebook e WhatsApp ci siamo detti tra noi colleghi *"Ciò... podessimo scriver un libro con tute ste robe che ne capita!"*...

E allora, eccolo qua!

La premessa è doverosa: non aspettatevi informazioni utili, spiegazioni di incidenti e intoppi vari, orari feriali e festivi, contestazioni e conseguenti repliche o polemiche.

Vi racconto gli autobus a modo mio, quindi aneddoti curiosi, situazioni divertenti, richieste di informazioni talmente strane da sembrare irreali.

L'autobus, infatti, rappresenta un mini mondo dove può succedere tutto o niente, puoi fare incontri particolari o ritagliarti venti/trenta minuti di relax, puoi tenere sotto controllo la tua città sedendoti davanti, accanto all'autista, oppure fregartene di tutto e tutti chiudendo gli occhi senza nemmeno sentire le due vecchiette che non vedono l'ora di fare quella "corsa" per stare almeno per un po' in mezzo alla gente e far do ciacole.

Tutto ciò che leggerete (sia ben chiaro!) sono eccezioni

di un servizio svolto quotidianamente con centinaia di corse nel silenzio della regolarità che fa dell'Azienda una delle migliori d'Italia, ma proprio in quanto eccezioni fanno ridere e suscitano curiosità e ilarità.

Specifico che nessun autista è stato maltrattato per estorcergli informazioni, che ogni racconto proviene esclusivamente da divertenti passaparola tra colleghi con tanta autoironia e la ricostruzione dell'accaduto rispetta la privacy sia dei conducenti che di ogni utente. Per correttezza, infatti, non sono stati interpellati né l'ufficio relazioni col pubblico né il centralino del numero verde aziendale, che devono continuare a godere di riservatezza e della fiducia del cliente.

LA 20 O IL 20?

Se chiedi ad un triestino "Scusi, passa di qua il 20?", ti risponderà: *"No, el 20 go el dentista!"*.

Eh già, perché solo a Trieste *"andemo in cità con la coriera"*. Eppure usiamo i mezzi (maschile) ed è normale dire *"ciapemo el bus"*, ma non ci passa proprio per la testa di andare ad Altura con il 48, ci suona davvero male. Non è così nelle altre città dove il 10 è il bus, mentre al femminile ci può essere la metropolitana e raramente la linea 10.

Nella famosa canzone triestina, invece, usiamo il maschile semplicemente perché a portare in giro i nostri genitori e nonni c'erano i tram. Quindi:

Col due se va a Servola,
col quatro in Arsenal,
col sie se va a Barcola,
col zinque in Ospedal,
col uno in Zimitero,
col sete ala Stazion,
col nove in Manicomio,
col diese in Canon!

(L'avete letta canticchiando sì?)

CARTELLI / VELETTE

Oggi i cartelli, velette o insegne luminose che indicano il numero della linea, coi capolinea di partenza e di arrivo, vengono comandati quasi sempre dal sistema satellitare che segue passo passo l'autobus in tutto il suo percorso. I guasti sono rari, ma messi in preventivo causa vibrazioni e inceppi elettronici vari. Capita quindi che i nomi dei capolinea non si invertano, situazione che può mettere in difficoltà solo un turista, non di certo il concittadino. Anche perché i capolinea possono essere indicati correttamente, come la 20 festiva da Stazione Centrale a Muggia, ma l'utente che deve salire a Borgo San Sergio ti chiederà comunque *"La va in cità?"*.

Capita anche qualche momento di ilarità, come un giorno sulla 5. I capolinea sono Piazza Perugino e Roiano, ma sfortuna vuole che il display anteriore si guasti esattamente a metà, ovvero i primi cinquanta centimetri a sinistra segnano una direzione mentre i successivi a destra hanno il capolinea invertito. Risultato: *Roi Perugino*, ma soprattutto *Piazza ano*! Piazza probabilmente situata vicino a *Via Lemandalcul*.

La tecnologia moderna non ha niente a che vedere con le velette di una volta, che venivano ruotate manualmente.

Ma non lo faceva solo il conducente! Spesso i ragazzini si divertivano a ruotarle senza farsi notare dal *"vecio brontolon"*, cosicché capitava di veder arrivare la 20 che dalle indicazioni laterali era la 19 e da quelle posteriori era la 48.

E puntuale arrivava da chi doveva salire il *"Che numero xe, la me scusi?"*.

NUMERO DEL TRENO

Cossa xe sta roba? Stago legendo un libro sui autobus e qua xe scrito treno, mah!

Il numero del treno è quel numero che identifica il turno e l'autobus all'interno di una linea. Per esempio, di 19 ce ne sono tre, quindi se vedete passare l'uno della 19, dopo venti minuti arriverà il treno due e dopo altri venti il tre, poi ripasserà l'uno, dato che il giro completo è di sessanta minuti. L'utilità per l'utente è minima: in caso di contestazione, è un modo per risalire al mezzo coinvolto, mentre in pochissimi riescono a riconoscere, ancor prima che il display in alto si aggiorni, che il treno cinque della 20 ha sempre, ogni giorno alla stessa ora, un tipo di deviazione di percorso che il treno sei non ha. Se guardate frontalmente l'autobus, il numero del treno è indicato in quel piccolo display in basso a sinistra.

Qualche conducente più burlone trovò il modo di regalare sorrisi anche tramite quel display, ovviamente senza compromettere minimamente la qualità del servizio, quando scoprì che si potevano scrivere parole di massimo quattro lettere. Se, ad esempio, sapeva che la propria amata lo stava attendendo al capolinea scriveva BACI, in totale sicurezza durante la sosta precedente a quella fermata. Poi magari a notare quella scritta poteva esserci l'arzilla vecchietta di turno, che ricambiava mandando baci con la mano al conducente.

Un'altra volta una bimba alquanto chiacchierona fu felicissima, dopo essersi presentata all'autista, di veder comparire il proprio nome, GAIA. O ancora, quando la Pallacanestro Trieste fu promossa in serie A1 e i tifosi invasero via Flavia, al ritorno della squadra in città, su un autobus che passava di là comparve la scritta ALMA. E, diciamola tutta, prima di incontrare un amico una bella scritta MONA ci sta, piuttosto che un educato CIAO.

INIZIO DEL SERVIZIO

In ognuno dei vari depositi di Broletto, di San Marco, di Prosecco e fino a qualche anno fa di San Sabba a Valmaura, dalle 5 alle 7.15 circa c'è un controllore che firma i documenti che accompagneranno l'autobus in quella giornata, consegna al conducente di linea la tabellina oraria con le varie partenze ed è in contatto tramite una radio con il centro operativo, l'officina, gli altri depositi e le Panda in giro per la città, in modo da risolvere nel più breve tempo possibile eventuali guasti o anomalie.

Fino a una quindicina di anni fa un controllore ci teneva proprio a iniziare la giornata con l'inno d'Italia, non solo nel deposito dove stava prestando servizio, ma si collegava tramite la radiotrasmittente in sua dotazione facendo sentire l'inno a tutti. Il suo omologo a San Sabba, però, essendo un burlone e sapendo che fare scherzi a quel collega dava molta soddisfazione, esattamente un minuto prima faceva partire "Bandiera rossa", più per scherzo che per credo politico. Chi era all'ascolto assisteva a questo alternarsi radiofonico e ai loro saluti che fondamentalmente facevano iniziare la giornata col sorriso. Il gioco finì quando fecero notare a entrambi che la radio era collegata non solo al Comune di Trieste, ma anche a quello di Muggia, San Dorligo, eccetera, e che eventuali fraintendimenti erano da evitare.

QUALE PARTE PRIMA?

"Quale parte prima?" è una domanda che ci viene posta soprattutto a San Giovanni, al capolinea della 6 e della 9, e in Stazione centrale, nelle corsie della 20 e della 21. La richiesta ha un fondamento logico perché si tratta di linee che hanno un lungo tratto del percorso in comune, quello di anomalo è che si sopravvalutano le conoscenze degli autisti, che non sanno tutti gli orari a memoria. Ci si rifugia, quindi, in un educato "Parto tra 3 minuti signora".

Se queste domande hanno comunque un senso, altre volte ci viene chiesto: "Ma parte prima la 23 o la 3?". Ora, ribadendo che gli orari di tutte le linee sono centinaia, rimani spiazzato perché di tratti in comune queste due linee non ne hanno! Forse l'andamento e la programmazione della giornata di questi utenti dipenderà da orari e uffici sparsi per l'intera città, ma questo è niente se la domanda ci viene posta quando di autobus ce n'è uno solo.

Il fatto: la 20 è ferma al capolinea di Muggia nella prima corsia, quella più vicina al bar e all'edicola, mentre in seconda corsia non c'è alcun mezzo.

"Quale parte prima?"

Alzi gli occhi dal cellulare convinto si tratti di uno scherzo e invece no, un signore occhialuto attende una tua risposta.

"Scusi, ma prima di chi?", gli ribatti facendogli notare l'assenza di altri bus.

"Di quella lì in garage", ti ribatte convinto.

Dovete sapere che, esattamente di fronte alla prima corsia, al di là del piazzale, c'è una banca con una grande vetrata a specchio, che noi stessi usiamo per controllare senza dover scendere se i cartelli segnano l'esatto itinerario. Per non fargli fare proprio una figuraccia opti per un ironico "Partiremo esattamente in contemporanea, vedrà! Ma salga pure su questa, prego si accomodi!".

AUTISTI PARTICOLARI

El foresto

Fino ad una decina di anni fa avere dei colleghi provenienti dall'estero o dal Sud era alquanto raro, mentre oggi a pranzo in mensa, su dieci colleghi in tavola, *a parlar in triestin ierimo in tre!*

Dopo un periodo di smarrimento e ambientamento *el foresto* inizia a conoscere la città, gli vengono insegnate tutte le linee e le varie deviazioni e lo si invita a fare un "giro", prima di cominciare il suo turno, con lo stesso autobus che guiderà di lì a poco, in modo da conoscere ogni buco e "trucco" insieme al collega più esperto.

Anche le informazioni gli vengono impartite in lingua e non in dialetto, in modo da evitare fraintendimenti ed errori. Sono necessari dei mesi per conoscere ogni percorso, ma servono anni anche allo straniero più esperto per conoscere ogni nome e ogni località.

E così una volta capita, a tal proposito, che la 39 abbia un problema alla porta e sia necessario sostituire la vettura. Per non perdere tempo ed eventuali corse il Centroradio opta per una sostituzione "volante", ovvero far trovare un autobus nuovo durante il percorso, fare un rapido cambio e riportare in deposito l'autobus con il guasto. All'autista di riserva, quel giorno un *foresto* istro-svedese, viene ordinato: “Prendi questa vettura, passi sopra il palazzetto di Chiarbola, ovvero via Carnaro, vai fino al bivio H, sai dov’è? Vicino alla cava Faccanoni, attendi il collega con la 39, fate il cambio e riporti la sua vettura qua in corsia 2”. L’ordine sembra chiaro, ma viene comunque richiesto se persistono dubbi. Niente, *el foresto se ga scrito tuto e parti.*

Di quell’autobus si perdono le tracce. La 39 in servizio attende al lato della strada la sostituzione, ma siccome questa non arriva, chiama il centro per delucidazioni. Dopo una decina di minuti *el foresto* si fa vivo e la sua risposta è uno spasso: “Ascolti capo, qua c’è scritto Pesek ma questa fabbrica che fa cannoni non l’ho mica trovata!”.

El talian

Ogni manifestazione sportiva, ogni concerto o sagra, ogni corteo e tutto ciò che implica modifiche di viabilità vengono comunicate per tempo, in modo da non farsi trovare impreparati, con il rischio di perdere corse o accumulare ritardi. Così risulta davvero strana la chiamata arrivata al Centroradio, che segnala una festa musicale che ostacola il passaggio dell’autobus.

“Ce stà ‘na banda che non me fa passà.”

“Ma... come una banda? È mezzogiorno, noi non abbiamo comunicazioni a riguardo...”

“Mandatemi assistenza perché nun se pò passà!”

Quando il controllore arriva in zona scoppia a ridere. L’ostacolo alla viabilità c’è sì, ma è una Panda parcheggiata male e non tamburi e trombe!

“E che aggio dett io? La Banda ce stà!”

Quel che… no fa per lui!

È indubbio che il conducente debba avere parecchia pazienza. A volte, ma non dovrebbe, sbraita nel traffico per qualche episodio di inciviltà intollerabile, altre volte prova a ribattere educatamente a qualche utente particolarmente maleducato.

Ci riescono quasi tutti. Quasi tutti. Perché una volta…

L'autobus non è ancora giunto in fermata ma deve fermarsi per permettere il passaggio dei pedoni sulle strisce pedonali. Un anziano signore, convinto di essere già in fermata, inizia ad urlare e a sbraitare *"La verziiiii! Go sonadoooo!"* e accompagna le grida picchiando sulla porta con il suo bastone. È infermabile e i suoi colpi si fanno sempre più insistenti. *"Go sonadoooo el campanel!"*.

L'autista in turno tira il freno a mano, si avvicina al vecchietto, gli prende il bastone e alzando il ginocchio lo spezza a metà. Poi riconsegna una metà nella mano destra dell'utente, rimasto immobile e basito, e l'altra metà nella mano sinistra: *"Te ga sonado el campanel, bon adesso te ga anche le bachete per sonar la bateria!"*.

Libretto in mano e licenziato.

Lo smemorato

"Scusi autista, non sono del posto e dovrei scendere in via Gatteri".

Quante volte l'utente si affida alle conoscenze del conducente e lui gentilmente risponde: *"Certo, ghe digo mi dove smontar!"*

Si ricorderà? Spesso sì. Altre volte, per fortuna rare, complice anche l'utente che non rimane nei paraggi ma si defila troppo al centro nascondendosi tra l'utenza, capita di ritrovarsi al capolinea, chiudere il motore e incrociare lo sguardo di chi doveva scendere sei fermate prima fidandosi di te.

Questo un aneddoto a riguardo: una turista chiede in inglese all'autista della 1 un aiuto per scendere il più vicino possibile a un albergo in via dell'Istria. In un inglese approssimativo lui ribatte: *"Ai sei uen go down"*. Poi, si sa, la 1 non è una linea leggerissima e, tra un intoppo e l'altro, l'attenzione è tale da passare ben oltre San Giacomo. In realtà fortuna vuole che la turista trovi da sola la fermata utile, ma il conducente non la vede scendere. Viceversa, sfortuna vuole che una ragazza vestita in modo simile alla turista si accomodi sul primo sedile accanto all'autista. Giunto in prossimità del palazzetto di Chiarbola, i loro sguardi si incrociano. Tira il freno a mano, si alza in piedi e con affanno e una certa difficoltà linguistica dice alla ragazza: *"Sorri, ai don't rimember ma ai return Istria strit"*. La ragazza, allibita a dir poco, si guarda in giro e ribatte: *"Scusa ma te parli con mi? Perché te me parli cussì???"*.

Schumacher

Un autista *"vecio"* mi disse: "I primi anni vai piano perché sei ancora acerbo e inesperto, poi accumuli sicurezza e vai un po' più veloce, ma dopo un po' di anni ritorni ad andare 'regolarissimo', aggiungendo la saggezza all'esperienza, ponendoti spesso la domanda, 'Perché e per chi dovrei aumentare i rischi?'". Nonostante questa considerazione, sentiamo spesso il brontolio del *"Tuti voi autisti corè!"*.

È una affermazione che viene detta spesso dopo una

frenata o una manovra particolare (che poi sarebbe da valutare esattamente il perché sia stata fatta). La verità è che la guida da Formula Uno non è assolutamente la velocità di crociera registrata dalla moderna tecnologia, ma non ci nascondiamo certo dietro a un dito se, ad esempio, sulle linee dell'altipiano fino a qualche anno fa era famoso, sia tra gli autisti che fra l'utenza, un conducente soprannominato "La freccia del Carso".

Migliaia di corse, però, vengono svolte nell'assoluta normalità e, si sa, il silenzio del "regolare" non fa notizia. È altrettanto vero che fra centinaia di autisti ci sono stili di guida diversi e solo i pochi utenti posizionati davanti possono rendersi conto del motivo di una frenata un po' più brusca, e tale manovra sarà l'unica cosa che l'utente ricorderà delle dieci corse "normali" fatte in settimana. Non mancano, però, frasi tipo *"la podessi 'ndar più veloce che perdo la coincidenza"* o i complimenti per una guida particolarmente dolce e rilassata (che magari avrà fatto perdere la coincidenza all'altro utente...). La percezione dello stile di guida cambia da utente a utente ma se l'Azienda è tra le migliori d'Italia da anni e anni... così tanti Schumacher non possono esserci.

In particolare, in qualche corsa mattutina, ad esempio da Prosecco a Piazza Oberdan, tanti utenti preferiscono un autista piuttosto che un altro, sapendo che con il primo si arriva prima in città. Ad un autista oggi in pensione fu chiaramente fatto notare *"La ga una bela guida ma con lei rivo sempre tardi!"*.

Un altro "vecchio saggio", ovvero il collega più anziano che ti insegna a comportarti appena sei assunto, mi disse: "Se guidi troppo bene la gente penserà che non è necessario nemmeno reggersi da tanto liscio stai andando! Ma ricorda che anche il miglior autista può avere un imprevisto e dover frenare improvvisamente, e farà più danni di uno che guida male costringendo gli utenti a reggersi con forza... *alora co te parti daghe subito un do scassade, sterza a destra e a sinistra e frena un do volte senza senso, cussì i se tegnirà tuti e no cascherà nissun! E sa quando te pol andar più veloce? Co te son pien pien perché no i ga dove ribaltarse e i se tien su un con l'altro"*.

Saggio o burlone?

Il protettore degli animali

Inverno. Capolinea della 28 a Cologna. Inizia a nevicare e fa davvero freddo. Davanti alla cabina guida l'autista scorge una piccola ombra cadere dall'albero. Scende per controllare e nota un merlo agonizzante con le zampette ghiacciate. Lo raccoglie, lo appoggia su un giornale sopra il cruscotto e alza il riscaldamento. Contatta telefonicamente la Protezione Animali accordandosi per consegnare il povero animaletto al capolinea del Tommaseo, dato che è ora di partire. Un comportamento esemplare e ammirevole.

Ma... proprio nel tratto con più pendenza, all'altezza della "*Tettona*", per i conoscitori dei pub, il volatile riprende forza e inizia a svolazzare all'interno della cabina. La sua autonomia è limitata cosicché si lascia catturare.

Alla fermata successiva tutta questa "poesia" scade: "*Vardè sto autista che guida con l'usel in man!*", e un'arzilla vecchietta si fa in quattro per correre dai posti centrali alla cabina, per osservare l'autista all'altezza dei pantaloni!

Ah, dimenticavo... uccello volatile salvo e curato.

Playboy

Si dice che tutti gli autisti abbiano al proprio fianco una donna mentre guidano. Anche questa è una percezione, perché su una ventina di corse probabilmente solo una o due volte c'è una gentil donzella nei paraggi. Chi sia costei diciamo che varia di caso in caso, forse è la sorella, una cugina o una compagna di classe delle elementari ritrovata per caso, oppure semplicemente una collega in borghese o, perché no, una ragazza attirata dalla divisa o da un conducente particolarmente sorridente e attraente.

Sicuramente però una buona percentuale di autisti a inizio carriera ha firmato il contratto *Autoferrotrombieri* e pensa bene di metterlo in pratica. I più esperti riuscivano (oggi con i mezzi nuovi è più difficile e rende anche meno) a fare il fischio *"Fiiii Fiuuuu"*, quello che solitamente viene fatto con le due dita in bocca per richiamare l'attenzione di una bella ragazza, con l'impianto frenante, ovvero premendo una volta a fondo il pedale del freno per poi ripetere l'operazione con un rilascio graduale in modo che lo sfiato sia più somigliante possibile a quel richiamo.

Qualcun altro con gli amici si vanta col sorriso che *"Mi ogni giorno go babe che me cori drio! … co le lasso a pie zo in fermata!"*. Viceversa, e lo disse un'utente di una certa età facendo l'occhiolino, certe donne sono attratte dagli autisti sia per il fascino della divisa ma soprattutto *"perché voi gavè sempre aumenti del cazzo"*. Oooooops!

Diversi sono gli approcci che i colleghi single hanno usato e hanno avuto il piacere di raccontarmi. Ad esempio, una turista bionda con occhi azzurri salì sulla 24 ignara se tale autobus portasse alla stazione dei treni o meno, lo chiese gentilmente all'autista che *(trapoler!)* le rispose: "Di solito no, ma per lei, solo per lei e per la sua bellezza girerò qui a sinistra e la porterò in stazione". Ghiaccio rotto con gran facilità, al capolinea un caffè e lo scambio dei numeri telefonici venne da sé.

Viceversa alle volte qualche gentilezza, che per carità potrebbe essere una gentilezza fine a sé stessa, potrebbe essere scambiata per un inizio di corteggiamento. Nello specifico: un autista sposato spiega perfettamente a una donna, che ha dei fiori con sé, il percorso, la direzione, la linea più utile per raggiungere l'indirizzo richiesto. La donna, incantata da tanta disponibilità, estrae un fiore dal mazzo e glielo regala, invitandolo ad appoggiarlo sul suo comodino quella sera. Ecco, ora chiediamoci: sarà ritornato a casa dalla moglie spacciando il fiore per un regalino per lei o le avrà detto la verità?

Un altro collega mi ha raccontato di essere stato più psicologo che playboy e di aver ascoltato lo sfogo di una giovane donna che aveva necessità di parlare. Si è trovata talmente a suo agio e rincuorata che... stanno ancora insieme.

Il distratto

Capita a tutti, ma anche al conducente più esperto arriva una vampata di calore quando ha già messo il muso del suo autobus in una via che quella linea non dovrebbe percorrere. L'importante è recuperare al più presto, senza manovre pericolose e, possibilmente, perdendo il minor numero di fermate, in modo da ridurre il disagio involontariamente provocato.

Appena si verifica l'errore un'onda di meraviglia e disapprovazione si alza tra l'utenza: *"Ma dove la vaaaa?", "Ma xe la 10 o la 1?", "Iero convinto de gaver ciapado la 5 e no la 26!".*

L'atteggiamento migliore è sdrammatizzare con ironia: si tira il freno a mano, ci si alza in piedi e... "Senza sovrapprezzo sul biglietto c'è un piccolo giro turistico intorno a quelle case! *Scuseme, go sbaià, sistemo al più presto"*, e tutto viene perdonato.

Un collega, ad esempio, mi ha raccontato di aver portato la 1 anche dentro la seconda galleria anziché girare a destra verso San Giacomo dopo aver attraversato la prima, ma essendo dotato di grande ironia, alla fermata di via Alberti si alzò e disse: "Gentilissime signore, volevo farvi vedere il cartellone delle offerte della Pam perché secondo me le arance a un euro e il crudo a un euro e cinquanta sono dei buonissimi prezzi. Qualcuna vuole scendere o torniamo subito indietro?". Sorridenti e spiazzate da questa uscita, nessuna ha brontolato.

L'incredibile è quando l'errore porta addirittura a dei complimenti: l'altro ieri eri alla guida della 10, ieri idem sulla 10 ma oggi ti capita una 20. Giunto all'altezza dei cimiteri c'è già una fila di automobili in direzione della galleria di Montebello, mentre la corsia a destra verso il Burlo è libera. La 10 potrebbe passare rapidamente su quella corsia... già, la 10! Così, per abitudine, la tua 20 passa tranquillamente a destra, e quando l'errore è ormai già ben che fatto, riesci ad allargarti a destra, nello slargo dove esce la 34 per intenderci, fare una inversione e prendere il verde che ti porta direttamente alla fermata davanti alla galleria. *"Ciò, che bravo sto autista, gavemo saltado tuta la fila e semo za qua!"*

Il goloso

Gli oggetti rinvenuti vanno messi a fine turno in un apposito raccoglitore. Tutti tranne alimenti e merce deteriorabile. Sta nel conducente la scelta di cosa fare di eventuali due etti di prosciutto scivolati fuori dalla borsa della spesa, se fidarsi o meno di consumarli o gettarli. La procedura migliore è comunque ripartire dal capolinea, fare il percorso inverso e riconoscere subito in fermata la signora che ha dimenticato la carne o l'intera borsa con la cena.

Fiera di San Nicolò: l'oggetto ritrovato è una borsa con tre frittelle e un chilo di pane caldo. Il profumo che invade l'autobus al capolinea è un vero e proprio attentato, tale da portare un'eccessiva produzione di saliva e irrequietezza. Far sparire tutto mangiandolo è impossibile, gettarlo è un peccato ma anche lasciarlo in cabina sembra quasi una distrazione alla guida.

Ripartenza dal capolinea e nessuno si fa vivo. Giunto all'altro capolinea l'autista può finalmente impostare la scritta "deposito" e addentare senza vergogna le prelibatezze. Il morso alla frittella ancora tiepida è una liberazione, placa l'acquolina e soddisfa l'attesa. Ma, con la bocca tutta sporca di zucchero, l'autista sente bussare al proprio finestrino. Nooooo!!! Che dire? Come negare ciò che quello zucchero sta evidentemente confermando? Quattro occhi sgranati si incrociano. *"Siora, ghe la pago ah!", "Ma no tranquilo, ma el pan e almeno una fritela xe rimasti?"*

Lo scoreggione

Durante tutto il turno di servizio il conducente ha normali esigenze fisiologiche: una o due volte pipì, forse una volta pupù, due ruttini per aver digerito e una quantità variabile di peti. Diciamo che in autobus, come in un'altra qualsiasi stanza, se si è in due il colpevole viene riconosciuto. Già con il terzo utente la colpa è più difficile da assegnare. Se la puzza è tale da uscire dalla cabina e invadere il bus è normale procedere all'apertura del finestrino con disinvoltura, senza farsi notare e, anzi, guardando con un certo disgusto lo specchietto interno quasi a cercare il possibile puzzone del momento.

Il rumore? L'esperienza porta ad emetterlo contemporaneamente all'apertura delle porte in modo tale che il "prot e puk" si confonda con il "cissssss". Mentre se è necessaria l'alzata della chiappa può essere fatta in curva con uno sbilanciamento, forse eccessivo, del busto ma che può passare facilmente inosservato. In quest'ultimo caso l'accompagnamento al movimento col suono del clacson è da evitare perché attira l'attenzione invece di distrarre.

Capita poi che pensi di essere da solo, sei quasi giunto al capolinea, guardi nello specchietto e vedi scendere anche quello che tu pensi sia l'ultimo utente. Ti senti libero, a volte ti metti a cantare, non devi nasconderti, non temi rumori e odori, alzi la chiappa sinistra e "prrrrummmm". Ma non sei ancora da solo e dal sedile esattamente dietro al posto guida una gentil donzella ti dice: "Salute!".

Che figura! Meglio tacere, alzare la mano in segno di scusa e adottare metodi per non farsi riconoscere!

Il disinvolto

C'era una volta il 418. Per chi non lo conoscesse, si tratta di quell'autobus verde in servizio fino agli anni 90. Per aprire le porte c'era *"la maniza"*, ovvero una leva posta su un perno che prevedeva un movimento con la mano quasi elegante. Accumulavi talmente scioltezza in quel gesto che a volte assomigliava ad una vogata con l'intero braccio.

Solitamente la leva era fissata al perno... ma una volta...

Giunto in fermata il movimento del braccio dell'autista di turno è particolarmente energico o, più plausibile, la leva è predisposta per una azione orizzontale e non leggermente verso l'alto. Così la leva esce dal perno e viene letteralmente lanciata verso il corridoio del bus (non esistevano protezioni alla cabina). Per l'autista non c'è altro da fare che tirare il freno a mano e iniziare a cercare tra i piedi degli ignari utenti.

"Ma cossa el fa?", "Cossa el zerca?".

"La maniza siora! Dovemo trovar la maniza o no partimo".

La caccia al tesoro dura qualche minuto e tra il divertente e l'imbarazzo la *maniza* ricompare in una borsa della spesa semiaperta.

Primo premio Lancio della *maniza*!

Pisolo

Salvo eccezioni, il turno generale prevede che un conducente guidi per cinque giorni alla mattina, riposi un giorno, faccia per altri cinque giorni il turno pomeridiano per poi riposare un giorno, ripartire con le cinque mattine e così via. Essendoci centinaia di dipendenti è normale che qualcuno preferisca un turno piuttosto che l'altro, c'è per esempio chi si sveglia alle 4 con facilità e non ama proprio iniziare alle 18 per ritornare a casa all'una di notte. Altri invece fanno fatica a dormire pesantemente la notte sapendo che alle 4 e 50 li aspetta il trauma del risveglio. Ben chiaro che ciò non compromette la qualità della guida di un professionista, ma può migliorare o peggiorare la qualità della quotidianità e delle restanti ore libere.

Siccome all'azienda non cambia se a guidare alla mattina ci sia Tizio e al pomeriggio Caio, capita che un collega chieda all'altro:

"Mi faresti una cortesia? Mi lavoreresti tu tutte le cinque mattine ed io faccio sempre i pomeriggi? So che tu alleni una squadra e avresti sempre il pomeriggio libero."

"Volentieri, andiamo insieme a firmare e non ci sono problemi, però se un giorno cambierai idea avvisami con un po' di anticipo ok?"

"Tranquillo, io alla mattina non riesco proprio a svegliarmi e questo giorno non arriverà mai! Hahahaha!"

Con questi accordi si formano dei gruppetti di mattinieri e altri di notturni che guidano esclusivamente le linee serali. Ciò dà adito a battute e prese in giro: chi si sveglia presto viene deriso per il colore cadaverico e la pelle più vissuta per le presunte poche ore di sonno, mentre loro ribattono ai serali "tranquillo che a cena con tua moglie ci vado io!".

Due gli aneddoti a riguardo che meritano di essere raccontati.

Il primo. Inverno. Un autista che non ama particolarmente la sveglia prima dell'alba, al quarto giorno di lavoro decide di riposare un po' di pomeriggio per recuperare le ore di sonno, dato che il giorno successivo la levataccia sarà nuovamente alle 5. Non avendo messo la sveglia per terminare la pennichella pomeridiana si desta di soprassalto alle 17 e, notando il buio assoluto fuori dalla finestra, per qualche secondo va letteralmente in tilt, convincendosi che quel 5 sul suo orologio sia già riferito alla mattina successiva e che la sveglia non abbia suonato. In fretta e furia prende il telefono e chiama il Centroradio:

"Capo, me son indormenzà!"

"Ben per ti ah!", gli ribatte il controllore.

"Posso venire comunque adesso là o recuperare in qualche maniera?"

"Senti, sto ridendo, faccio finta di non aver sentito niente ma *a ti lavorar de matina te fa mal!"*

Oggi è uno dei migliori autisti... del turno pomeridiano fisso!

Il secondo. C'è sempre un po' di invidia per chi riesce a far tutto con facilità, e in questo caso parliamo di chi riesce in ogni momento della giornata ad addormentarsi semplicemente appoggiando la faccia tra le mani, rimanendo seduto con i gomiti sul tavolo. È chiaro, però, che indugiando in questo stato di incoscienza durante la pausa, in un ambiente di aggregazione dove decine di autisti passano e compilano i documenti, qualche scherzo lo puoi subire: così il collega più burlone richiama l'attenzione degli altri presenti mentre "lui" sta dormendo e a gran voce fa due volte il suo cognome. Il malcapitato si sveglia cercando di capire chi lo stia chiamando nonostante sia in pausa. *"Va del capo, el te ga ciamà"*, la risposta del burlone, e tutti a guardare la scena dell'assonnato. "Eccomi capo, sono qua", con la conseguente risposta del controllore incredulo *"Ma coss'te vol?"*, che lo fa deridere dagli altri presenti.

Una parentesi in questo contesto la merita anche lo spostamento delle lancette per i cambi dell'ora da solare a legale e viceversa. Ogni conducente che prende servizio alla mattina punta almeno due sveglie (personalmente tre, seppure la terza non abbia mai suonato, ma mi dà la sicurezza per un sonno più profondo). Le difficoltà maggiori, che i vecchi autisti non avevano, risalgono a una decina di anni fa, ovvero riuscire a capire se i dannati cellulari, che si stavano modernizzando sempre più, si aggiornassero da soli in quella notte di cambio dell'ora, e qualche pensionato odierno mi ha raccontato di aver odiato quelle diavolerie per qualche ora di sonno rubata. Una volta, ad esempio, si misero a ridere quando consapevolmente in largo anticipo, per dedizione al lavoro, si ritrovarono in due alla macchinetta del caffè: *"Ormai iero sveio ah, son vegnudo zo, no se sa mai che qualchidun sbagli al contrario e fazi tardi"*.

I laureati

Un utente gentile mi disse: penso che tutti voi conducenti d'autobus siate laureati in matematica e fisica, altrimenti non mi spiego la precisione di certe operazioni e manovre impossibili. Gran bel complimento, grazie ancora.

PASSEGGERI PARTICOLARI

Quela col biglieto in man

Trattasi per il 90% di donna dai trenta ai sessanta. Solitamente parcheggia la propria utilitaria (Citroen C3, Hyundai i10, Panda) in una zona con adiacente la fermata di un autobus, ché in pochi minuti e due/tre fermate al massimo è in centro. Dopo aver parcheggiato ad esempio *"là dela Pam de Campi Elisi"*, pensando che *"tanto, se i me disi qualcossa quei del supermercato mi do tocheti de pan devo ciorli!"* si reca alla fermata della 29, che ha pochissimo tempo d'attesa. Si tratta, in effetti, di percorrere le due gallerie, con una unica fermata intermedia, per giungere subito in piazza Goldoni. Lei rimane col biglietto in mano con atteggiamento da brava ragazza, ma ponendo massima attenzione a eventuali verificatori a bordo. Ormai è maestra nel simulare, per i primi trenta secondi a bordo, un leggero impaccio nel sistemare, ad esempio, il cellulare e gli auricolari per una telefonata che non arriva, in modo da poter dire *"lo go qua in man, un atimo che me son incasinada"* nella remota ipotesi di un controllo da parte di un verificatore in borghese. Basterà poi accertarsi su chi salirà tra le due gallerie e *"eco fato, altro euro e trentacinque sparagnado, xe za la quarta volta sta settimana e go ingrumado a suficenza per un tocheto novo de Mirela"*.

Quela che *"davanti xe più basso"*

C'era una volta il motore sotto i piedi. Fino all'avvento dei nuovi autobus, con ripiano ribassato grazie al posizionamento del motore interamente in coda, la salita era davvero come scalare una montagna per qualche utente particolarmente in là con gli anni. La porta anteriore, ad esempio dei "Turbo Iveco" (parliamo di anni '90), non aveva gradini, mentre la porta posteriore ne aveva ben tre e anche belli ripidi, proprio per la presenza del motore lì sotto. Togliere questo pensiero dalla testa di qualche anziano ha richiesto più di qualche anno, tant'è che tuttora qualche arzilla vecchietta preferisce farsi una corsetta (oddio corsetta... un tentativo di passo accelerato con testa bassa per controllare di non inciampare e in un equilibrio precario dovuto perlopiù alle due borse della spesa di pari peso su entrambe le mani) per poter salire davanti. Giunta quasi con affanno sospira *"davanti xe più basso!"* e al mero tentativo di spiegare che "*una volta iera cussì siora*" lei risponderà sempre *"no no! Mi go misurado!"*. Ecco, quello però che potrebbe capire e migliorare è almeno di posizionarsi in fermata abbastanza in punta in modo da evitare la corsetta, ma replicherà sempre *"la lassi star che me fa ben moverme un poco!"*.

La previdente

Siamo tutti consapevoli che uno sciopero arreca disturbo e disservizio. L'incognita della percentuale di adesione porta a domande tipo *"domani la 19 ghe sarà?"*, come se l'autista del giorno prima di un'altra linea conoscesse tutto del collega (chi ci sarà, a che sindacato è iscritto, aderirà o meno).

Le fasce orarie garantite, essendo sempre le stesse da anni, sembrano essere abbastanza note, anche se la diversa durata dello sciopero (quante ore? Quattro, otto o ventiquattro?) spesso porta a riproporre la domanda al conducente per esser più sicuri.

Quello che va oltre l'immaginazione è la richiesta di informazioni su scioperi futuri: *"Stamatina el gazetino ga dito che el quatro de marzo i controlori de volo farà sciopero, farè anca voi?"*

L'autista si gira con occhi sgranati ed esclama: *"Ma siora, semo al ventoto genaio!"*

Lei sbuffa e se ne va.

La blasfema

Otto dicembre, giorno dell'Immacolata Concezione. Ogni anno un centinaio di fedeli si ritrovano in piazza Garibaldi per pregare e porre dei fiori alla base della statua dorata.

Trattasi ovviamente di giornata festiva, con servizio d'autobus ridotto. La 19, ad esempio, non c'è, e la 21 è sostituita dalla 20 che prolunga le corse a Borgo San Sergio. Chi non è pratico degli spostamenti in tali giornate è solito chiedere maggiori informazioni, ma la domanda che ci viene posta in quel giorno sembra più un'esclamazione blasfema che una richiesta.

Apri la porta anteriore e più di qualche distinta vecchietta ti dice:

"Per la Madonna?"

L'invisibile

Finalmente raggiungi il capolinea. Il turno è finito. Sul display appare la scritta della corsa per il deposito. Ti guardi indietro assicurandoti che non ci sia nessuno a bordo. A volte chiudi anche le luci, se sei particolarmente stanco per rilassare gli occhi dopo ore di luci riflesse. Percorri una strada che è diversa dal percorso di linea fino a quel momento regolarmente svolto. Tutto ciò è ininfluente per lui... l'invisibile! Rientri, infatti, in deposito e solo quando chiudi il motore e vorresti dare un'occhiata a eventuali oggetti smarriti ti senti dire *"Dove semo?"*. Lo spavento è notevole perché ti giunge nel momento in cui ti rilassi. In un secondo pensi che quella persona all'interno del deposito non ci può stare e tu sei il responsabile. Poni rimedio riportando l'autobus fuori alla prima fermata o accompagnando a piedi l'invisibile, sperando che non venga visto neanche dalla vigilanza. C'è stato qualche collega che, mosso nell'animo dalla visibile difficoltà dell'utente, a tarda serata si è offerto di accompagnarlo a casa con la propria automobile (... e poi dicono che tutti gli autisti son cattivi!). Comunque, è meglio non chiedersi dov'era quando al capolinea ti sei girato all'indietro. Forse era chino tra i quattro sedili in fondo, forse era esattamente dietro a te nascosto da chissà quale cono d'ombra. Ma tranquillo! Riapparirà! Quando meno te l'aspetti! Ed è meglio non confessare che al capolinea non c'era, rischi un accertamento psicologico!

Il malfidente

Ormai di donne alla guida ce ne sono decine e decine. Chiome bionde, more, più alte, più basse, e in questa varietà cambiano anche gli stili di guida. Ma sembra assodato che siano proprio le conducenti ad essere molto più decise e severe nel giudicare situazioni dubbie in cui, forse, un uomo rimane per un istante imbambolato (dai, è così anche nella vita!).

Non c'è quindi da meravigliarsi se anche l'utente maschio abbia un diverso approccio rispetto all'utente femmina verso un'autista donna. C'è qualcuno che si innamora facilmente. C'è chi cerca il suo sorriso ringraziandola del servizio. C'è chi è contento di iniziare la giornata avendo interloquito con una donna, forse l'unica della sua giornata. C'è stato, però, chi ha esagerato in negativo: alla vista della conducente e una volta messo il piede a bordo sul primo gradino ha esclamato *"Urca! 'Na baba al volante! No, no grazie, preferisso smontar!"*.

Malfidente e ignorante, è rimasto a piedi.

L'ottimista

Una volta, in fermata da utente, sentii un dialogo interessante. Uno commentò: *"Adesso la coriera riverà za meza piena!"* con tono lamentoso. L'altro gli replicò: "Sii ottimista, guarda il bicchiere mezzo pieno e l'autobus mezzo vuoto, sempre mezzi sono!". Punti di vista e stili di vita probabilmente.

I personaggi

Ci sono dei personaggi famosi a Trieste. No, non parlo di cantanti o attori, parlo di quei personaggi che ognuno di noi incrocia in centro città e che attirano l'attenzione per dei comportamenti particolari. Ecco, se li vediamo in centro città, ci sono arrivati con i mezzi pubblici, nei quali hanno imparato dopo qualche richiamo a non eccedere: sanno che qualche loro sgarro li escluderebbe da altre corse l'indomani. Nel rispetto della privacy e soprattutto per un mio personale rispetto verso persone costrette a vivere in modo particolare non farò nomi, ma col sorriso ho notato che:

- Che chi si sfrega continuamente le mani ha instaurato un rapporto amichevole con il conducente, saluta sempre e più di tutti, invitandoti a far salire le belle donne dalla porta davanti mentre per la salita di uomini e rompiballe ti consiglia di andare lungo per farli salire dalla posteriore.

- Che chi, nonostante un titolo nobiliare, sul marciapiede chiede soldi per un panino, in autobus se ne sta tranquillo in un angolo.

- Che chi urla, a bordo si trattiene.

- Che chi ti saluta con interminabili "ciao mulo, ciao mulo, ciao mulo" smette subito se lo saluti, anche con un piccolo gesto, al primo ciao.

- Che bisognava aver pazienza con Gino (che non era il suo vero nome), che ti chiedeva *"te ga mile lire te ga mile lire te ga mile lire"* e che fece un'enorme fatica con l'entrata dell'euro. *"Ginoooo, no xe più le lire, xe i euri"*, gli impartivi, e lui: *"Te ga mile euri, te ga mile euri, te ga mile euri"*, sempre per tre volte, per poi ridere di gusto al capolinea realizzando che era una richiesta eccessiva.

- Che c'era d'aver pazienza anche con la signora soprannominata "un attimo" perché urlava questa parola infinite volte nel periodo tra l'apertura della porta e la sua lenta discesa. Il record sembra sia di ventisette "un attimo" in sequenza.

- Che potevi solo sperare che la *"vecia cagona"* non ti ricordasse perché era soprannominata così proprio a bordo del tuo bus. Saliva, timbrava un biglietto due volte su un lato, due volte sull'altro, lo girava e lo timbrava anche sottosopra, poi si accomodava quasi sempre in silenzio. Tranne una volta: *"Autistaaaa verzi qua!"*, e tu hai maledetto quel momento in cui le hai proibito di scendere fuori fermata perché lei si è tolta le mutande e l'ha fatta lì sui gradini. La voce si sparse nei giorni successivi ma nessuno riuscì ad evitare completamente la sua salita, perché si era fatta furba e frequentava solo fermate affollate nascondendosi tra la gente.

- Che volenti o nolenti dobbiamo imparare a convivere con qualcuno in difficoltà, vecchi e nuovi, e per quanto la vita possa sembrare difficile, c'è sempre chi sta peggio, e ciò non deve dar adito a derisioni, ma piuttosto deve essere stimolo a fare qualcosa di più e di appropriato. A bordo di un autobus spesso si tratta semplicemente di lasciarli in pace.

Quello/a al cellulare

Dopo dieci secondi di suoneria al massimo volume si accorge che è proprio il suo cellulare a squillare. Dalla risposta in poi capita che si susseguano dei commenti variegati ed assurdi ad alta voce:

"Perchè te me ciami adesso che son in coriera?", come se dall'altra parte conoscessero tutti i suoi spostamenti.

"*No sento! Cossaaa?*", e il controsenso arriva gridando *"Me seca urlar che son in bus"*.

"Dime, dime pur, son in autobus, ma che i scolti pur i afari miei, no me frega!"

"Parlemo poco che son pena montada! Dime come sta i nipoti e te ciamo dopo. E tu marì? Ma daiiii, dopo te me conti meio", e continua in una conversazione che dovrebbe essere breve (figurarsi la prossima quando scenderà), elencando tutti i punti che a lei interessano senza riuscire a tagliare corto come tutti si augurano. O forse il corto per lei è proprio quella quantità di parole che mio figlio al telefono mi avrà detto in venti e passa anni!

Con il cellulare in mano, comunque, ci stanno quasi tutti gli utenti, tutti chini sullo schermo, non si parlano più tra loro e a volte si distraggono talmente tanto da saltare la fermata o da prenotarla in ritardo. Per non parlare poi di quelli che sono sul marciapiede e manco vedono il loro autobus sfilargli davanti, per poi lamentarsi di un ritardo col successivo. Opinione personale è che dovremmo darci tutti una regolata con questi social media che richiedono una parte della nostra concentrazione ma, ne sono convinto, piuttosto che rinunciarci, richiederemo l'installazione di una app con due dita che usciranno dal telefonino e ci tireranno le orecchie se non ci saremo accorti dell'arrivo del nostro bus!

La nostalgica

Nei suoi errori nel richiederci un'informazione c'è la storia dell'azienda: ancora oggi qualche arzilla vecchietta ci chiede se i nostri uffici dell'Acegat siano ubicati in via Genova (magari essere ancora un "acegatino"!), poi si ravvede e si scusa nominando l'Act ma, nuovamente, sente che il nome non le suona bene e che al "Gazzettino" dicono qualcos'altro, "ah sì, Trieste Trasporti".

Ecco, e ora che l'ha imparato chi le dice che siamo diventati TPL FVG!?!

POSTI

Supponiamo che l'autobus sia vuoto, che posto scegliereste? Io quello più avanti di tutti, ovvio, sono l'autista!

A tal proposito ricordo la barzelletta di due persone che si incontrano e:

"Ho lasciato il mio posto ad una cieca".

"Bravo, un gesto nobile".

"Non proprio, mi hanno addirittura licenziato!"

"Perché?"

"Perché io sono il conducente!"

Qualche posto è ovviamente riservato agli invalidi, ma anche per quei posti abbiamo assistito a delle lotte tra due o più persone su chi avesse più punti percentuali di invalidità e quindi più diritto a scegliere il posto. A parità di percentuale uno dei due aggiunse "Sono orfano da quando avevo due anni", per poi sentirsi replicare "Ho anche mia moglie che non sta bene, sa?", insomma una gara al ribasso sulle disavventure e sfortune che la vita ha riservato loro.

C'è poi il posto riservato alla persona in carrozzella e tutti, grazie al cielo, rispettano quello spazio quando vedono salirne una. Un'unica volta capitò, però, che fu la persona sulla sedia a farsi una figuraccia, quando insistette molto con una persona che non si spostava e l'autobus non poteva ripartire. "Ma non vede che sono in carrozzella e devo occupare quel posto lì?", "E non vedo no! Sono cieco!", si sentì rispondere dal signore col bastone bianco fino a quel momento nascosto. Per fortuna risero e fecero amicizia.

Fondamentalmente, con le dovute eccezioni, i posti sono suddivisi così:

Da 0 a 5 anni: dove vogliono i genitori o i nonni, ma appena puoi esprimerti scegli il posto davanti, quello alla destra del conducente, controlli tutto, a volte premi tasti che solo tu vedi per aprire anche tu le porte, spesso ti addormenti per quel barcollare in un abbraccio protetto. Ci capita di vedere dei nonni che fanno addormentare appositamente il nipotino preferendo fare due giri a vuoto piuttosto che farsi sfasciare casa.

Da 6 a 11 anni: sei ancora accompagnato, guardi un po' più la gente ma non molto dato che spesso viaggi guardando e giocando col cellulare dell'adulto in un mondo tutto tuo, se ti dicono di sederti non metterti troppo comodo perché sei il primo indiziato ad alzarsi quando i posti a sedere saranno esauriti e dovrai cederlo; quando devi scendere vieni strattonato per il braccio perché la prima chiamata educata tu non l'hai proprio sentita.

Da 12 a 21 anni: sicuramente dietro, laggiù in fondo col gruppo di coetanei in modo che ci siano meno controlli e che meno vecchiette possibili abbiano da ridire sul tuo linguaggio, che a loro risulterà fuori luogo a prescindere, perché loro alla tua età stavano zitte e avevano molto più rispetto. Uno di voi, però, ogni tanto romperà le scatole e si fermerà davanti alla porta centrale senza scendere.

Fanno eccezione i maschi dai 17 in su, al sabato e alla domenica mattina, reduci da serata alcolica, che tentano di rientrare a casa con le prime corse dell'alba, ma si addormentano di solito sulle ultime sedie e fanno due/tre giri prima di svegliarsi cercando di rendersi conto di cosa sia successo e in che capolinea si trovino.

Da 22 a 50 anni: se sei maschio dove capita, spesso finisci al centro, in piedi, raramente curiosi in direzione di qualche donzella, quasi sempre la spalla è appoggiata sul vetro, cellulare nell'altra mano, spesso stai in silenzio. Se sei femmina potresti rientrare in due distinte categorie: quelle che... oggi mi devi parlare domani da quanto vuoi essere lasciata in pace, e quelle che si siedono nei posti per due o addirittura quattro perché alla prossima fermata salirà la tua amica e non vedi l'ora di commentare la puntata di Temptation Island di ieri sera, sposterai la tua borsetta che teneva occupato il posto, ti scanserai un poco per farla sedere vicino al vetro perché scenderai tu per prima.

Da 50 a 60 anni: se appartieni a questa categoria stai leggendo con gli occhiali ma tu questi anni non te li senti proprio addosso e ti riconosci nella categoria precedente. Ma, vi racconto un segreto, faccio anch'io parte di questa categoria e a volte la carta d'identità mi ricorda di qualche acciacco, e allora se c'è un posto libero qualche valutazione se sederti e riposare un po' la prendi in considerazione. In fondo non è che lo stare in piedi una decina di minuti rassoderà e tonificherà ogni muscolo, ma sedendoti ti riprometti di aumentare di due unità la serie da dieci esercizi che non stai facendo. I posti variano ma al centro e centro-posteriore trovi più cinquantenni, sia uomini che donne, che davanti o dietro.

Da 60 a 70 anni: gli amici di questa età continuano a dirmi di non sentirsela ma iniziano ad essere consci che una chiacchierata o il cellulare potrebbero essere distrazioni fatali per sbagliare la fermata: incantato a guardare le foto dei nipoti sulle nuove diavolerie tecnologiche potresti perdere la fermata, quindi meglio avere la discesa nelle vicinanze e la visione di dove ti trovi sempre sotto controllo. Centro e centro anteriore sono perfette per entrambi i sessi. Inizi a ritenere insopportabilmente maleducati i ragazzini d'oggi che vogliono lasciarti il posto a sedere.

Gli over: il sostegno deve essere sicuro, meglio appoggiarsi o ancor meglio sedersi perché un imprevisto a questa età è davvero meglio evitarlo. Prediligi i sedili più bassi ma possibilmente non quelli riservati perché non sei messo così male, ti convinci. Vai a prendere pane e latte proprio in orario scolastico ma eri sveglio già da due ore ed eri stufo di rimanere a casa. Domani prenderai quella dopo, ma non è vero perché la gente ti piace, magari non troppa e farai tutto alla stessa ora senza quasi accorgertene. La zona centrale è la migliore per te. Se sei in questa fascia e stai storcendo il naso per quanto letto finora ti do perfettamente ragione: c'è una parte di over triestini che ha una gran voglia di fare di tutto e di più... anche darmi spunti per scriverci buona parte del libro!

Il posto a sedere che non c'è: venti anni fa, autobus 409 con il volante a destra e tutta la parte anteriore libera delimitata da una sbarra d'acciaio, che l'autista apriva al capolinea tirandola a sé per poi abbassarla. Proprio al capolinea l'autista scese senza rimettere in posizione la sbarra, e al suo ritorno trovò una signora alla sinistra del posto guida seduta sulle zeppe! Aveva la schiena appoggiata sulla parte curva e le gambe lunghe verso il parabrezza!

"Signora, questo non è un posto a sedere!"

"Pecà, stavo tanto comoda!"

TESSERE, BIGLIETTI E... PORTOGHESI

Innanzitutto una curiosità: sapete perché si usa il termine "fare il portoghese" per intendere l'usufruire di un servizio senza pagarlo?

L'espressione, probabilmente, si riferisce ad un fatto storico avvenuto a Roma nel XVIII secolo, quando l'ambasciatore del Portogallo presso lo Stato Pontificio invitò i portoghesi residenti a Roma ad assistere gratuitamente ad uno spettacolo teatrale presso il Teatro Argentina; non vi era bisogno di invito formale in quanto bastava dichiarare la propria nazionalità. Molti residenti e non, tuttavia, cercarono di approfittare dell'opportunità spacciandosi per portoghesi, da cui l'avvertimento "non fare il portoghese", per diffidare chicchessia dal mettere in atto trucchi o raggiri per poter usufruire di un servizio senza averne titolo. E di trucchi, raggiri e scuse assurde i verificatori a bordo dei bus ne hanno sentite davvero tante.

Ajeje Brazorf

Ajeje Brazorf è un personaggio immaginario interpretato da Aldo Baglio, componente del trio Aldo, Giovanni e Giacomo. Ajeje appare nel film "Tre uomini e una gamba" ed in vari loro sketch nei quali viene sorpreso senza biglietto a bordo di un autobus dal "controllore" Giovanni. Ebbene, è incredibile come tutt'oggi sia il nome, evidentemente falso, dichiarato da qualche giovane portoghese nel momento in cui viene sorpreso senza aver obliterato. Lo fa, infatti, all'interno del suo gruppetto di amici nell'ultimo disperato, ma inutile, tentativo di uscirne impunito per aver fatto ridere i suoi amici (sicuramente) e il verificatore che, però, abbozzerà solo un sorriso per una battuta già sentita e si appresterà a compilare il verbale della multa.

Altri nomi falsi, scuse, fughe e... proposte

"Tessere, biglietti grazie!"

"Non ce l'ho".

"Mi dia un documento, devo farle la multa".

Ed ecco l'ultimo tentativo di raggiro: "Non ho nemmeno il documento".

Se si tratta, ad esempio, di un giovane in età scolastica, il verificatore proverà a risalire alla sua identità tramite qualche documento o libretto scolastico sicuramente presente nello zaino sulle spalle, cercando di far capire che in caso contrario sarà necessario ricorrere alle autorità per identificarlo, peggiorando la situazione. Ecco, a quel punto qualcuno proverà a far credere di chiamarsi Vieri Christian! I nomi falsi più gettonati, infatti, sono collegabili a giocatori di calcio, magari mischiando nomi e cognomi tipo Del Piero Gianluigi, in uno slancio di fantasia. Ancora più assurdo è chi prova a dare le generalità di un conoscente o di un vicino di casa antipatico, ma il top lo raggiunse un giovane che diede le generalità di un suo amico nel momento esatto in cui un secondo verificatore aveva in mano proprio il suo tesserino! Sentì la stranissima omonimia ma non commentò, perché ci penso l'amico (probabilmente ex amico): *"Ma te son propio mona a darghe el mio nome!"*.

Non solo i più giovani pensano che la scusa del "non avere il documento di identità" possa evitare la sanzione. Una signora infatti dichiarò *"No go el documento perché vado solo un atimo in ospedal"*. "Mi dia allora la tessera sanitaria", replicò il verificatore… e lei prontamente: *"Ah no no! Mi vado in privato, no la me servi!"*.

In uno sbraito di ribellione poi una donna riuscì a dire: "Documento non ce l'ho, le do nome e cognome e numero di telefono, cosa altro vuole sapere di me… *anche quanti pei che go?"*.

Un occhio esperto, comunque, riconosce facilmente il portoghese di turno. Di solito è quello che vuole fare il più disinvolto di tutti ma all'avvicinarsi della fermata scruta con attenzione ogni pedone, valuta se l'automobile bianca lì nelle vicinanze possa essere "la Panda dei controllori" e per farlo allunga un po' il collo e distende la gamba pronto a scendere di scatto. Ripeterà il gesto a ogni fermata ma si ritroverà fregato quando i controllori che saliranno saranno in tre, uno per ogni porta.

In uno dei tanti tentativi di fuga un giovane non solo si beccò la multa ma anche quattro punti di sutura quando all'apertura delle porte si lanciò letteralmente fuori sbattendo la testa sul palo della fermata. Chissà se avrà imparato la lezione.

Numerose volte, invece, i verificatori si imbattono in casi umani. Alcuni a dire la verità sono inventati come scusa per evitare la sanzione, mentre altri sono evidenti già dall'abbigliamento e dalle condizioni igieniche. Vi assicuro che far scendere una persona in evidente difficoltà è imbarazzante, perché incroci i suoi occhi e capisci la figura che si farà davanti agli altri utenti, ma chi paga un servizio ha il diritto di viaggiare nel rispetto delle regole senza dover sopportare odori sgradevoli. A tal proposito, un verificatore mi ha raccontato di essersi imbattuto in una persona non pulitissima, con una enorme valigia che gli ha raccontato brevemente come ha trascorso gli ultimi mesi. Era consapevole di meritare la sanzione e ha voluto anche farsela fare, ma era talmente convincente e il suo racconto talmente toccante che il verificatore si offrì di aiutarlo con qualche genere alimentare e un caffè. Mi ha detto che tali gesti gli erano riusciti naturali e facili ma che la cosa più difficile fu accontentare lo sfortunato che desiderava tanto abbracciarlo per quelle azioni: ha ricordato con il sorriso che l'odore era talmente forte che nelle successive ore di servizio si è trovato lui a essere la fonte della puzza all'interno del bus.

Quando ho chiesto a più verificatori di raccontarmi episodi curiosi riguardanti il loro servizio sono rimasto basito da quante volte mi hanno riportato di proposte sessuali per evitare la multa. *"Dai! No te credo!"*, *"Te giuro! La me ga dito te son propio sicuro che no posso far gnente per ti, sfiorandome la coscia con la man!"*, *"Ma iera una bela baba?"*, *"Eh, te dirò, gnanche mal..."*

All'epoca del "bigliettaio", ovvero quando bisognava mostrare immediatamente la tessera o provvedere all'acquisto del biglietto, c'è stato un collega davvero particolare. Se involontariamente, infatti, l'utente mostrava la tessera al rovescio, sottosopra, lui si attaccava con le mani ai sostegni, lanciava le gambe in alto e faceva il palo in modo da ritrovarsi a testa in giù e poter leggere il documento! Posso solo immaginare le facce sorprese e il clima più famigliare e più umano, avendo il contatto diretto soprattutto con una persona così divertente e predisposta allo scherzo.

IL CAMPANELLO

Din e capitolo chiuso? Neanche per idea! Il "quando suonare" ha tutta una psicologia dietro.

C'è chi suona immediatamente, e appena le porte si chiudono parte un din che sembra quasi una richiesta: "Scusi, mi sono attardato e dovevo scendere", tant'è che l'autista spesso è costretto a guardare più volte nello specchietto interno per assicurarsi delle reali necessità.

C'è chi suona appena l'autobus riparte, in modo da assicurarsi di averlo fatto e di poter anche distrarsi un minuto.

C'è chi non sa dove scendere e rimane col dito sul campanello, e appena riconosciuta la fermata utile la prenota. Il che andrebbe anche bene, ma di solito la chiamata viene fatta troppo presto, ignorando l'esistenza di un'altra fermata nel mezzo. In questo caso sono pochi quelli che si scusano per aver suonato inutilmente, la maggioranza delle persone preferisce invece guardarsi attorno facendo finta di cercare un eventuale colpevole tra gli altri utenti.

C'è chi invece conosce benissimo quella fermata e, non essendo molto frequentata, pensa che solo suonando proprio nella sua prossimità quel din rimarrà impresso nella testa del conducente, in modo tale da non dimenticarsene e non saltarla.

C'è chi semplicemente si diverte a suonarlo o lo suona a vuoto per motivi che a lui sembrano plausibili: nello specifico, una scolaresca di rientro da una gita scolastica, voleva arrivare il più tardi possibile a scuola, in modo da evitare eventuali compiti o interrogazioni, e i ragazzi trovarono la soluzione suonando a turno a ogni fermata di viale Miramare, in realtà alquanto deserto in novembre.

C'è chi lo suona senza accorgersene, appoggiandosi con lo zaino o la spalla sul pulsante, che a dir il vero fino a qualche anno fa era concavo e protetto, mentre adesso è più esterno e in rilievo.

C'è chi riprova a suonare Jingle Bells, come si faceva sugli autobus vecchi che con la porta aperta permettevano il ripetersi del din fino ad arrivare appunto al dindindin dindindin Jingle all the way... ma oggi non si può più.

C'è chi si dimentica di farlo o pensa di averlo fatto, distratto dalla frenesia del vivere quotidiano. Non ci sarebbero problemi se non iniziasse ad urlare *"Go sonadoooooo"*, ma grazie al cielo c'è sempre qualche utente che prende le difese del conducente suonando subito dopo l'urlo, *"Eh no, no la ga sonado se no adesso no sonava!"*.

E poi ci sono loro: i bimbi! Poter comandare o rendersi utili o semplicemente associare il tasto al suono e alla luce "fermata prenotata" accesa regala loro un sorriso e una piccola soddisfazione. Capita però che di bimbi ce ne siano due. Le mamme iniziano a squadrarsi iniziando un duello tipo pistoleri del Far West. Chi riuscirà a rendere felice il proprio figlio? Riusciranno a suonare contemporaneamente o ad accordarsi sul "oggi tu domani io"? Di solito no: i tempi di reazione dei bimbi sono diversi anche se il comando materno *"Sona!"* è solertissimo. Ma ancor peggio capita se entrambi i bimbi ne escono delusi perché a inizio duello compare lei: Lucia o Marisa, di solito over 70, che non avendo avuto bimbi e nipoti non comprende o addirittura pensa che *"sti fioi de ogi no pol gaverla vinta sempre"*, e associa al campanello la scuola di vita dello *"Sveite picio!"*. Ai piccolini non rimane altro che guardare all'insù verso le rispettive mamme e chiedere, temendo la risposta, *"Go sonado mi, vero mama?"*. Domanda che resterà nel vuoto, perché le mamme nel frattempo stanno fulminando l'antipatica anziana!

CORSE PARTICOLARI

Sfollamento stadio

Per eventi come le partite di calcio è previsto un potenziamento del servizio con delle corse aggiuntive. Niente di particolare se i "trasportati" sono i tifosi della Triestina che arrivano in ordine sparso senza una particolare organizzazione. Cambia tutto quando ad usufruire di quelle corse è la tifoseria avversaria.

Al giorno d'oggi succede raramente, dato che i tanto temuti Ultras della società ospite arrivano direttamente allo stadio coi propri pullman e mezzi privati, e ciò causa disagio e limitazioni per l'intera zona di Valmaura. Ma fino alla fine degli anni '90 è capitato di mettere a disposizione alcuni autobus a tifoserie come, ad esempio, quelle del Padova, Vicenza e Udinese, che arrivavano in Stazione Centrale con un treno speciale. Su ogni autobus c'erano tre poliziotti a protezione dell'autista, e tutto il convoglio veniva scortato. Neanche a dirlo, a bordo era un susseguirsi di cori più o meno volgari, ma quello che più mi colpì fu che ogni gruppo di tifosi di qualsiasi città sembrava conoscesse un lato di mia madre di cui io stesso non ero al corrente. Una volta ottanta/cento vicentini intonarono "La mamma del tranviere è una puttaaaana, la mamma del tranviere è una puttana, la mamma del tranviere, la mamma del tranviere, la mamma del tranviere è una puttaaaana!!!"

Che fare? Assolutamente niente! Persino i poliziotti ridevano. Vuoi fermare il convoglio e denunciarli tutti? Impossibile. Non ti resta che sorridere per i primi cinque minuti e ingoiare il rospo dopo altri quindici in cui senti nominare il nome di tua madre, consapevole che ogni reazione darebbe gusto e soddisfazione a chi mette in atto lo sfottò.

Ad una cena in famiglia riportai l'accaduto e ci ridemmo su.

Dopo qualche anno prestai servizio per lo sfollamento degli udinesi, e anche loro erano al corrente di questa vita della mamma a me nascosta.

L'anno successivo toccò ai padovani. L'unica differenza fu che mi comprai un cellulare (non proprio per quella occasione). Durante la corsa ovviamente non lo accesi ma giunto a destinazione ed in attesa di tutti gli altri autobus mi alzai in piedi e fui io a fare la richiesta, almeno a quelli più vicini a me, di intonare il famoso coretto perché ero in procinto di telefonare a casa. Ovviamente tutti seguirono il coro a gran voce e io con il cellulare in mano: *"Eco mama! Anche i padovani vol dedicarte la canzon!"*.

La 20 durante il Carnevale

L'enorme afflusso al Carnevale muggesano comporta ovviamente un notevole rinforzo della linea 20, non solo la domenica della sfilata ma anche nelle serate soprattutto del sabato e del martedì. A dire il vero la domenica non c'è particolare disturbo per il conducente, a parte l'autobus incredibilmente affollato, in quanto quel giorno l'utenza è composta perlopiù da famiglie tranquille che assisteranno alla sfilata. C'è sicuramente qualche porta che fa fatica a chiudersi e risulta più incisiva l'opera di convincimento che *"tranquili ogi la 20 xe ogni sei minuti!"*. Non manca comunque qualche personaggio particolarmente brillo o allegro, ma è alla sera che il servizio assume un'importanza particolare, con centinaia di "ragazzi" dai 14 agli 80 anni a dir poco euforici. Anche le prime corse della mattina di rientro da Muggia vengono monitorate e non mancano canti triestini a squarciagola o, viceversa, sfinimenti sui sedili con conseguenti due giri sullo stesso autobus, da quanto è profondo il sonno. Comportamenti che si scontrano con chi a quell'ora va a lavorare, ma che vengono accettati dato il periodo festaiolo.

Nello specifico: il sabato sera la 20 parte da Stazione Centrale già bella pienotta. Il mezzo è già assistito da una pattuglia delle forze dell'ordine per assicurarne la regolarità. All'autista viene comunicato che è sufficiente attivare le quattro frecce per richiedere un intervento. In piazza Oberdan la 20 è già ferma: un impianto acustico quasi da concerto spara musica tecno a tutto volume, qualcuno ha bottiglie di vetro ed è invitato a gettarle ma soprattutto qualcuno fuma, e per fumo non si intendono le semplici sigarette (se all'indomani ci fosse stato il controllo a sorpresa con la ricerca nelle urine di sostanze stupefacenti l'autista poteva addirittura risultare positivo da quanto ce n'era). Si riparte ma in Largo Barriera non ci sono le condizioni di sicurezza sufficienti a proseguire, in quanto la canzone "Jump" di Van Halen prevede un salto collettivo tale da "disturbare" le sospensioni. Muggia diventa sempre più un miraggio! Nel frattempo un Pikachu bacia una suora, quattro sensuali diavolesse scambiano i sedili per cubi da discoteca, un prete (probabilmente finto ma chissà?!) tiene messa con barzellette piccanti. Un gruppo di indiani fa un gemellaggio col gruppo di orsi. C'è un'euforia ed un'allegria tale da poter affermare "è qui la festa!". Di arrivare a Muggia in tempo (ma in tempo per cosa, dato che si fa festa fino al mattino?) nessuno ne ha necessità. Si alternano balli di gruppo a tentativi di trenino tipo Capodanno. C'è gente che vorrebbe salire a bordo (pagando!) convinta si tratti di una bellissima festa itinerante. Quando il motore dell'autobus viene spento ed è necessario anche staccare il quadro delle batterie per azzerare le avarie, le luci interne vengono automaticamente spente anch'esse, dando un effetto quasi stroboscopico... è il delirio! Chi comandava la musica quel giorno probabilmente sarà uno dei migliori deejay oggi in circolazione, perché a tempo di record fece partire i lenti! Si narra che in quella 20 siano nate storie che tuttora durano, si pensa addirittura che nel dicembre successivo qualche bimbo sia figlio di quella 20! Fu come se un pezzo della Muggia più allegra ed euforica si fosse trasferito in Largo Barriera in quel momento.

Per la cronaca altri autobus della linea 20 passarono di là garantendo il servizio ma da lì, per qualche ora, nessuno volle scendere. Si divertirono tutti, anche quello vestito da autista.

Sempre sulla 20 durante il periodo carnevalesco fu davvero simpatico l'episodio riguardante due coppie di "animali". L'autobus arrivò in fermata e l'autista bloccò la salita di quattro ragazzi, una coppia vestiti da giraffe, l'altra coppia da puzzole. *"Alt! Dove stè andando? Savè che per i animali xe dele regole de rispetar come museriole, guinzagli e trasportini?"*. La risposta ad occhi sgranati ma già col sorriso: *"Dei! Andemo a Muja e giuro che no sporchemo". "Bon, le girafe pol montar e verzerò el tetucio per le vostre teste ma... le puzole no eh!!!"*.

Pedocin

SÌ, VADO AL PEDOCIN. E ANCHE ALL'AUSONIA.

Questo c'era scritto su un foglio attaccato da un conducente della linea 9 sul vetro della cabina di guida. La 9 estiva, infatti, non all'alba e non al tramonto (e non la linea 8 che ha il tratto delle Rive in comune), ha questo prolungamento della corsa verso gli stabilimenti balneari. E se è vero che "chiedere non costa nulla" e che qualcuno spera che basti la giornata di sole in maggio o tardo settembre per attivare questa deviazione e annullarla in caso di pioggia in agosto... è evidente che smuove spesso il presunto diritto di essere informati dallo stesso autista una volta giunti di fronte alla stazione Rogers. Uno dei lati comici è che durante la stessa corsa più *"donete"* continuavano a porgli la stessa domanda, come se la conferma della deviazione riportata dall'utente precedente non avesse valore. Immaginatevi dunque la scena di decine e decine di utenti indaffarati con asciugamani e borse varie, avvicinarsi al conducente e vedersi anticipare la risposta.

Alla stragrande maggioranza tutto ciò strappò un sorriso. Il fatto finì sui social, su Telequattro e su Il Piccolo. Sulla pagina Facebook "Te son de Trieste se..." accumulò centinaia di like e svariati commenti tipo "Che forte!", "Unico!", "*Per mi qualchidun te lo ga domandado lo stesso hahahaha!"*, *"Ma vara che cocoli i autisti del'ACT, i te rispondi prima ancora che te domandi, dove trovemo altri autisti cussì?!"* ,"Grande, chiamasi servizio pubblico", *"Grazie, te ne ga ralegrà la giornata!"* e anche "Ti vogliamo assessore ai trasporti!". La notizia arrivò fino in America dove una conoscente della figlia del conducente, all'epoca ragazza alla pari oltre Oceano, le chiese: *"Ma xe tuo papà questo!? Che forte!"*.

Tutto ciò diede popolarità all'autista tant'è che per qualche periodo dovette rispondere a un'altra sequenza di domande identiche, ovvero non se andasse al Pedocin ma se *"La xe lei quel del Pedocin?"*. Evidentemente al mio collega l'ottimo spirito non manca perché prevenne anche questa serie di domande scrivendo un altro cartello *"Sì, son mi quel del Pedocin, no fazo autografi ma se volè lasseme pagà un cafetin"*.

MIRACOLO SULLA 10

Far pedana, ovvero tutte quelle operazioni che consentono la salita e la discesa di un disabile in carrozzina, prevede, tra le altre cose, calcolare di avere lo spazio sufficiente in modo che tutto si svolga in sicurezza ed in un tempo limitato. Praticamente tutti i disabili ed i loro eventuali accompagnatori conoscono tale procedura, e per facilitarci ci comunicano subito appena saliti la fermata dove scenderanno. Così...

"Smonto là dela banca de Valmaura autista, grazie!", dice appena sistematosi con la propria carrozzella al centro dell'autobus della linea 10.

Una volta giunti alla fermata richiesta il conducente tira il freno a mano, mette in folle, fa uscire la pedana e apre la porta ma... niente! Non vede alcun disabile scendere. Allora si alza, si reca al centro del proprio mezzo e lì trova la carrozzella vuota! Miracolo sulla 10! Che si sia dimenticato la sua disabilità e sia sceso a piedi? Fatto sta che tra gli oggetti smarriti fu consegnata una carrozzina. Lo stupore fu tanto e l'accaduto fece ben presto il giro tra tutti i colleghi e solo col senno di poi il conducente coinvolto ricordò che alla fermata dei cimiteri era salito un autista in divisa scambiato da tanti per il controllore. Che sia stato il suo effetto? Allora i controllori sono meglio dell'acqua di Lourdes!

SUL TRAM

Anche a bordo della Tranvia di Opicina, una delle attrazioni turistiche della città di Trieste, i miei colleghi hanno vissuto situazioni particolarmente ironiche:

Alla fermata di Campo Cologna due persone di chiara origine indiana con delle valige enormi richiedono la fermata per salire. Al tranviere chiedono *"Is this the train to Milano?"*, e mentre lui gentilmente tenta di indicare loro il modo più comodo per raggiungere la stazione dei treni, un distinto utente, che stava leggendo il giornale, lo chiude, scoppia a ridere e si giustifica con tutti: "Scusate, scusate, non volevo offendere nessuno e posso solo immaginare che in certe parti del loro paese i trasporti siano carenti, ma io mi son visto viaggiare fino in Lombardia stando seduto qua! Su queste panche storiche, strette e dure. Andiamo a venti all'ora e mi immaginavo in autostrada o alla stazione di Verona con la gente che ci guarda e si chiede dove cazzarola vanno questi?". E senza trattenersi dal ridere, contagiando gli altri passeggeri, dà del tu all'operatore facendo capire di essere un assiduo frequentatore del tram: *"E ti, coss'te ridi? Te dovessi farte 30 ore quasi in pie su quel segiolin, co te rivi a Milano i te ricovera! E con la sciatica i devi tirarte zo de qua col paranco!"*.

"Mi scusi, la prossima settimana che ci sarà il Giro d'Italia, il tram farà sempre il solito percorso?"

Ricevendo una domanda simile si rimane come minimo a bocca aperta, pensi che si tratti di un burlone e ne studi i lineamenti del viso, se sta per ridere o meno. Provi anche a giustificarlo chiedendo "Intendeva dire limitato alla piazzetta di Scorcola forse?", ma niente! Secondo lui deviare la linea tranviaria non era poi così difficile.

Il tram soddisfa tutti i turisti, d'altronde ha la caratteristica unica in Europa di possedere un tratto di circa 800 metri in fortissima pendenza (fino al 26%!) lungo il quale le vetture vengono spinte (in salita) o trattenute (in discesa) da carri scudo vincolati ad un impianto funicolare. Un unico giovanissimo turista ne uscì sorpreso ed insoddisfatto. Aveva letto che il tram veniva "tirato su" interpretando con la sua giovane mente che una gru lo sollevasse verticalmente per centinaia di metri come una giostra di Gardaland, con conseguente incredibile visuale sulla città e sul mare. Quando salì a bordo, infatti, si preoccupò parecchio ed allarmò i genitori che secondo lui una simile attrazione (da Luna park più che storica e turistica) doveva essere dotata di cinghie e cinture per trattenerlo allo schienale!

TRASPORTI ECCEZIONALI

Linea 10, in fondo alla via Valmaura, nelle vicinanze di un noto negozio di casalinghi, un signore sul marciapiede richiede la fermata nonostante stia trasportando un scatolone enorme, largo un metro e alto almeno due.

"Ma non può salire con una roba così ingombrante", gli dice l'autista.

Lui: *"Certo che posso, mi no go l'auto e questa xe la porta del cesso e la me servi perché nissun ga de veder cossa fazo in gabineto!"*

Linea 15. Estate. Una allegra famigliola vuole salire ognuno col proprio gioco o accessorio gonfiabile tutti già gonfiati. Il padre, soprattutto, ha un'isola del diametro di un metro e mezzo con tanto di palma.

"Non potete salire con tutta sta roba. Anche se adesso sulla 15 siamo in pochi, immagino che poi vorrete salire sulla 6. È impossibile, vi rendete conto?"

Spassosissima e surreale la risposta: *"Ma lei la se rendi conto che la pompeta eletrica mi la go a casa e no ghe penso propio a gonfiar a boca tuta sta roba, me s'cioperia la testa!"*

Linea 36. Estate. Per ottimizzare i tempi e anche per

farsi due risate un gruppo di ragazzi decide di gonfiare un canotto all'interno del bus. Non essendoci spazio sufficiente a terra lo tengono sospeso sopra le loro teste coprendo altri cinque utenti che non brontolano ma stanno al gioco, anche perché le risate dei ragazzi sono davvero contagiose. Il problema, però, sorge al momento di scendere: l'imbarcazione gonfiabile si incastra, non c'è proprio spazio tra le porte, ridono tutti perché sono riusciti a creare un contesto davvero simpatico e goliardico, e tutti si impegnano a spingere dal bus o a tirare dal marciapiede. "Sgonfiamolo", arriva una proposta intelligente e logica, ma il giovane che ha fatto più fatica obietta ridendo. Per fortuna è sufficiente il compromesso di ridurre solo un po' la pressione in modo da riuscire a piegarlo. Quando il cannotto raggiunge terra l'utente più anziana esclama: *"Nooo! Che pecà, me stavo divertindo tanto, iera tropo cocoli!"*

Linea C "piccola". Una giovane coppia vuole salire con un materasso matrimoniale: *"Dei autista! Andemo drio el piazal de Altura, la porto a veder le stele e stemo più comodi distiradi sul materasso che per terra, ah!"*

Linea 21, viale D'Annunzio. Un signore in attesa sul marciapiede appoggia a terra una tanica, allunga la mano e prenota regolarmente la salita sul mezzo. Il conducente non ha modo di sapere a distanza quale sia il liquido contenuto, ed anzi non ha nemmeno il diritto di chiedere ad ogni utente se è in possesso di qualcosa di pericoloso. Certo, si prova educatamente a far notare che la bottiglia di vetro aperta sarebbe meglio gettarla prima di salire, ma controllare ogni borsa ed ogni tasca rappresenta qualcosa di davvero impossibile. Ci si appella, dunque, al buon senso di ogni utente, al senso civico ed al quieto vivere insieme agli altri, rispettando regole basilari. Quindi perché in quella tanica dovrebbe esserci qualche liquido pericoloso? E se fosse un gentile gattaro che va a riempire le ciotole dei gatti di mezza città? Non si può negargli la salita.

Tuttavia accade proprio quello che malignamente si sospettava. Il signore sale dalla porta posteriore ed in una decina di secondi tutto il bus è impregnato di odore. Oltretutto ne rovescia anche qualche goccia, e chi ha a che fare con la benzina sa che è persistente e non è sufficiente arieggiare né sciacquare con un po' d'acqua. Non c'è tempo nemmeno per rimproverare il signore, che dopo aver intanfato tutti scende alla fermata successiva.

Sembrerebbe tutto finito qua, ma per le tre ore successive tutti quelli che salgono dalla porta posteriore corrono dal conducente a segnalare un probabile guasto, un forte odore di combustibile o che c'è qualcosa che non va nel motore. Certo in questi casi si può e si deve chiedere la sostituzione della vettura, ma più di qualche utente si offre con fazzolettini di carta e bottiglietta d'acqua di pulire lo spandimento (che poi sono poche gocce!) pur di arrivare a casa in orario. Al conducente l'odore non arriva più, oppure si sarà abituato, ma alla ventesima richiesta di nuovi ignari utenti *"giovinoto, la sa che xe odor de drio, no xe che salteremo tuti per aria?"* o *"penso che la baba col capoto in pie là zo in fondo ga naftalina in te le tasche perché la spuza 'sai"* non se la sente più di continuare e si ferma con le quattro frecce... il tutto per qualche goccia di benzina di troppo. Il colmo!

Linea indefinita. Un proverbio dice "il mondo è fatto a scale, c'è chi scende e c'è chi sale". Un utente deve aver mischiato le parole di questo detto, perché voleva proprio salire con una scala. Ma non una scala pieghevole o almeno retrattile, era proprio una lunga scala in legno. Al capolinea la porta posteriore è aperta ed il conducente non è ancora arrivato, sperando di non essere scoperto l'uomo prova ad inserire verticalmente la scala nella porta ma niente, non c'è spazio sufficiente. Riprova a metterla in senso orizzontale in modo da infilarla nel corridoio dell'autobus ma anche durante questa manovra trova un intoppo. L'unico modo, forse, è inserirla in modo obliquo, ma proprio quando è quasi completamente inserita inciampa nel gradino tirandosi mezza scala addosso. La scena che si offre al conducente al suo rientro è da comiche: una persona completamente incastrata con la schiena a terra, una gamba all'aria appoggiata sul piolo di una scala e l'altra gamba che si dimena come uno scarafaggio rovesciato nel tentativo di rigirarsi! Servirà l'intervento di due autisti e più di qualche minuto per far uscire la scala e, se c'è chi scende e c'è chi sale... l'utente imbranato scende! Ché dobbiamo partire e non giocare a Tetris!

LUOGHI PARTICOLARI

Negozio di guerra

"Mi scusi autista, ma dov'è il negozio di guerra?"

"Negozio di guerra? Non ho proprio idea!"

"Ma come non lo sa, fa il finto tonto? Deve essere grande ed importante perché avete anche un capolinea là, c'è scritto Uor stail (War-style), un negozio stile guerra insomma".

Per fortuna una 23 passa proprio in quel momento.

"Ecco autista, guardi, è quella!"

"Ah, la Wartsila!"

Via Alberti

Ad un certo punto della giornata, per diversi mesi, via Alberti è diventata famosa quanto le vie Mazzini e Carducci. Tutti gli autobus portavano in quella via, come se ci fosse stato il punto più importante di Trieste, o qualche evento tale da necessitare un afflusso continuo. Via Alberti non è nient'altro che l'ultima fermata utile delle linee che rientrano in deposito da Piazza Goldoni in direzione del Broletto, attraversando le due gallerie. All'uscita della seconda galleria, poco prima del ponte ferroviario all'incrocio con via San Marco c'è la fermata ove è obbligatorio scendere per permettere al bus di rientrare vuoto in deposito. Ritenendo valida ed utile anche la corsa di rientro dall'ultimo capolinea, sul display appariva chiaramente, ad esempio, la scritta 10 Piazza Tommaseo - Via Alberti.

Quanti se ne accorgevano? Non molti! Tant'è che appena usciti dalla prima galleria, anziché girare a destra verso piazza Sansovino, l'autobus tirava dritto, fermando prima e dopo la seconda galleria, scatenando un *"OOOOOUU dove te vaaa?"* da quasi tutti gli utenti non proprio attenti o non al corrente di questa possibilità. Eh già... quasi tutti... perché quando volevi fare il cortese e ribadire alla gentile signora che stavi andando in via Alberti e non a San Giacomo ti sentivi anche dire *"Ara che so sa, abito là vicin, te sembro 'sai rimbecilida?"*.

Ma poi, 'sto Alberti chi era? Leon Battista Alberti è stato un architetto, scrittore, matematico, filosofo, una figura artistica del Rinascimento.

DOMANDE PARTICOLARI

"La me scusi, sta 1 ferma anche là dela fermata dela 1?"

"Sì" (Senza molta convinzione, non capendo la reale richiesta).

"Oh che cocolo, grazie!"

MAH!

"Dato che voi autisti savè tuto, volevo sapere se è possibile per un uomo scaricare di sera i rumori accumulati nella testa durante il giorno".

Meglio dir di sì prima di incappare in dialoghi senza senso.

Lui ringrazia sentitamente, ed educatamente saluta e se ne va lasciando l'autista a bocca aperta.

"La podessi verzerme la porta qua davanti che go le borse?"

La richiesta è abbastanza comune e formulata anche educatamente, con l'unico neo che le borse non ci sono. L'utente, accortasi che l'autista aveva visto le sue mani libere, ribatte meravigliosamente:

"Go le borse... le borse soto i oci caro!"

"La saverà sicuro aiutarme: el Mercatone de Palmanova xe verto?"

La linea 52 ha un percorso circolare passando da Valmaura, poi Giarizzole, San Sabba e nuovamente Valmaura, tant'è che sul display appare la scritta Piazzale Valmaura e Circolare.

"La me scusi giovinoto, ma Circolare dove xe?"

E più volte ci viene chiesto: *"Dove xe via Fuori Servizio?"*

"Autista, ma lei la sa dove che mi devo scender?"

"Fra quanto la parti?"

"Fra quattro minuti."

"Bon, tanto no go gnanche l'orologio!"

"Autista, se ciapo questa, va ben per dove devo andar mi?"

"Giovinoto, volevo domandarghe, ma anche qua in autobus xe saltada la corente? Che capisso se xe colpa dela mia caldaia o dela globalizazion."

"Devo andar a casa de Raffaella, dove scendo?"

Risposta, senza sapere chi è sta Raffaella e tirando a caso: "Fra tre fermate."

"Grazie, grazie."

"La me scusi, autista, devo smontar al civico 18 de questa via, la sa quala che xe la fermata più vicina?"

"Rimanga qua davanti che vediamo assieme, ma esattamente cerca un negozio? Che magari l'ho già visto e so dov'è..."

"Nissun negozio, in primo pian xe un bordel con quatro babe 'sai roba!"

“La me scusi, giovinoto, fra quanto partimo?”
“Fra sei minuti signora”
“Se ghe dago due biscoti la pol partir cinque minuti prima?”

“Che autobus devo prendere?”
“Dove deve andare?”
“A casa, a cucinare il riso!”

“Autista, la pol spetar mia sorela?”
Ma guardando a destra e a sinistra non c’è nessuno.
“E sua sorella dov’è scusi?”
“In cassa in supermercato. Casse veloci però eh!”

“Scusi, questa è la 19?”
“Sì.”
“Ah bon niente, prendo la 10.”

BUONE MANIERE

Domandare è lecito, rispondere è cortesia. Anche se è proibito parlare al conducente, sono frequenti le domande di vario tipo. In autobus, come in qualsiasi altra situazione di vita quotidiana, con l'educazione del *"La me scusi el disturbo"* o *"Bongiorno, podessi farghe una domanda?"* si interagisce tranquillamente ottenendo l'informazione richiesta. Purtroppo però non tutti sono educatissimi, ed alcuni pretendono pur ponendosi in malo modo.

Un signore anziano, un giorno, pretese di scendere dalla porte anteriore e, con tono alterato urlò: *"Verzi! Verzi qua dei!"*. Il conducente, con calma, così come si fa con i bambini per educarli ed esortarli alla cortesia gli replica: "Si dice potrebbe aprire, per...?", lasciando in sospeso la frase nella speranza di sentirsi rispondere "per piacere".

"Per, per, per cossa po... per smontar ah!"

MALEDUCATO!

Sarà anche vero che a volte l'autobus ha le bandierine per commemorare giornate europee che non tutti conoscono e gli stessi autisti a volte si chiedono *"Ciò ma xe el compleano del diretor che gavemo le bandierine?"*... ma non ricordarsi che il 2 giugno è festivo sembra surreale.

Un signore scende in Largo Barriera, si guarda intorno e nota che è tutto chiuso. Si gira, ritorna a bordo ed esclama: "Lei autista è proprio un gran maleducato! Doveva avvisarmi quando sono salito che oggi i negozi non aprono e sono venuto in città per niente! Si vergogni! Maleducato!"

Per aprire e chiudere le porte è necessario premere i tasti situati alla destra del volante ma, evidentemente, non a tutti è chiaro che la velocità del movimento delle ante non dipende dalla forza del dito del conducente, ma da un sistema meccanico. Qualche anno fa, ad una signora proprio non andò giù quel movimento delle porte disomogeneo: *"Autista, la go vista la sa, che la sbati le porte più forte dove son mi! Maleducato, la se impari le bone maniere!"*

FIGURE BARBINE

Vecchia!

"Mamma cos'è questo? Mamma a cosa serve quel tasto? Perché?". Si sa che un bambino è solito porre domande in continuazione data la sua curiosità alla scoperta del mondo.

Una mamma è seduta sul sedile in prossimità della porta anteriore e tiene in braccio suo figlio dell'età approssimativa di quattro/cinque anni. "Mamma cos'è questa corda, a cosa serve?", "Questa è una catenella e qualche persona anziana può usarla per salire più facilmente, mette la mano lì, poi mette un piede sul gradino ed entra". Tutto chiaro no? No! "Mamma cosa vuol dire anziana?", "Anziana vuol dire vecchia". Non lo avesse mai detto! Il bambino rimane in silenzio, aspetta l'arrivo in fermata e controlla ogni utente in salita ma nessuno tocca il sostegno. Alla fermata successiva finalmente una signora tutt'altro che anziana, mentre sta chiacchierando con l'amica, ha la malaugurata idea di sfiorare la catenella. Il bambino felice di aver conosciuto qualcosa di nuovo, con tutto il fiato che ha in corpo esclama additando per bene la signora: "Ecco, questa è vecchia!!!". La mamma arrossisce a bocca aperta per qualche secondo, la signora sbalordita unisce il pollice alle altre dita nel chiaro gesto del *"ma cossa el parla?"*, mentre le quattro persone situate nei pressi, amica della signora compresa (bella amica!) non si trattengono da risate e sorrisi. Le scuse e spiegazioni successive ebbero parzialmente effetto, stando sempre attenti, ovviamente, a pronunciare le parole giuste in presenza di quel curioso figliolo.

Dentiera

Linea 48. Capolinea di Largo Barriera. Un distinto signore si avvicina al posto guida e... "Mi sssscusi...", e pronunciando la prima esse la dentiera gli esce dalla bocca! Nel vano tentativo di afferrarla al volo, con il gesto del braccio da sotto verso su, peggiora ulteriormente la figuraccia, tant'è che la protesi umida vola ancor più in alto superando la porta d'ingresso della cabina-guida ricadendo sulla coscia del conducente. E se oggi tutto questo fa sorridere, vi assicuro che chi me lo ha raccontato ha rivissuto l'accaduto col brivido sulla schiena e con una smorfia sul viso che esprimeva tutto il suo imbarazzato disgusto. Il proprietario della *"tazadora"* fa ciò che nessuno può immaginare: quattro passi indietro e si mimetizza tra due persone. L'imbarazzo è comprensibile, ma la dentiera è ancora là a terra. In cabina! L'autista prende tutta la carta che ha a disposizione, la raccoglie e la appoggia sul cruscotto e facendo quel gesto pensa: "Questa storia la ricorderò per tutta la vita, ma quando la racconterò nessuno mi crederà!" (Che è più o meno quello che state pensando voi lettori no?). Quindi prende il telefonino e fa una foto da usare come prova. È ora di partire e la 48 deve svoltare tutto a sinistra per invertire il senso di marcia, ma attuando questa

La dentiera

manovra la dentiera inizia a scivolare verso destra lungo tutto il cruscotto (Brrrrrrrr! Brividi!) e finisce la sua corsa sull'angolo del parabrezza. Il titolare della protesi si accorge che in quella posizione non ci sono ostacoli o vetri divisori dalla cabina, si avvicina, la preleva, ci soffia un po' sopra e se la rimette in bocca. Non guarda in faccia il conducente e silenziosamente torna a defilarsi.

Favori e controfavori

Estate. Autobus pronto alla partenza. Una signora in ritardo si sbraccia per farsi notare (e il verbo è davvero azzeccato!), inizia a correre non accorgendosi che un seno le sta uscendo dal leggero vestito e quando mette il piede per salire ormai la tetta è completamente fuori. L'autista le fa notare l'imbarazzante situazione e... *"Grazie cocolo, ga valso la pena dei spetarme, te go ripagado subito el favor!"*

Casca tuto!

Un imprevisto capita a tutti. Sarebbe meglio capiti in un luogo isolato e non in mezzo alla gente avendo, oltretutto, richiamato involontariamente la loro attenzione. Proprio questo capita una volta ad un elegante signore, quando gli si rompe il suo portamonete spargendo rumorosamente i soldi a terra. Si china ma gli cade il parrucchino davanti ad una trentina di persone. C'è chi riesce a trattenere il sorriso, ma ad alcuni sembra proprio di rivivere le scene di vecchie ed esilaranti comiche.

Scena simile per una anziana signora che rimase letteralmente in mutande quando, allungando il braccio per richiedere la fermata, le cadde contemporaneamente la gonna! All'interno dell'autobus un ragazzino non ce la fece proprio a trattenere una sonora, contagiosa... e un po' maleducata risata.

Faccia da perno!

Una signora alquanto corpulenta e con due borse piene e pesanti deve salire, ma il palo al centro della porta sembra un ostacolo insormontabile. Appoggia una borsa a sinistra e prova a passare a destra, ma si accorge che è la borsa di destra quella più ingombrante e prova a fare l'opposto. La battuta di un utente alquanto grezzo richiama l'attenzione di tutto l'autobus: *"Ciò, co te ga finido de far lap-dance gavessimo de andar avanti!"*

Quanto accaduto mi ricorda questa barzelletta: due uomini robusti stanno scendendo dall'autobus ma lo fanno contemporaneamente e rimangono incastrati tra le porte.

"Non si muova", dice il primo ed aggiunge "Faccia da perno!". Il secondo replica: "Stia fermo lei faccia da mona!"

Che tiro!

Linea 9. Largo Irneri. Si parte. A bordo una decina di persone. Dopo una ventina di metri l'autobus si ferma per immettersi in Passeggio Sant'Andrea. Sembra tutto sotto controllo, ancora qualche automobile proveniente da sinistra e poi si può ripartire. Ma... ma un botto secco, strano, un rumore sordo mai sentito. Il conducente proprio non se ne capacita. Eppure, non ci sono automobili né davanti né dietro né ai lati. "È stato lui! Quel corridore laggiù!", suggeriscono gli utenti. L'autista tira il freno, scende e prova a capire quanto accaduto: il runner ammette subito le sue colpe... *"La me scusi, autista, go fato come Fantozzi, corevo cola testa bassa, no go visto el bus (!!!) e ghe go sbatudo contro... che figura! E che tiro!"*

Lato sinistro

Ad un capolinea una signora cammina avanti e indietro lungo tutto il lato sinistro dell'autobus. Dapprima lentamente, poi sempre più freneticamente, scruta tutta la fiancata ed il suo comportamento attira ovviamente lo sguardo di una decina di utenti a bordo. Poi, finalmente, si decide e bussa al finestrino dell'autista: *"La me scusi giovinoto... no trovo le porte per salir!"*

Inutile dire che salì con un visibile rossore al volto e gli utenti fecero finta di non aver visto nulla, nascondendo il ghigno ironico.

Tutti uguali

Ridere in faccia all'utente è da maleducati. Ma a volte è davvero difficile trattenersi! La 10 lunga, ovvero un autosnodato di diciotto metri, parte da piazza Tommaseo e all'altezza di piazza della Repubblica una signora interpella il conducente: "Mi scusi, dovrei andare all'ITIS ma non so dov'è". L'autista nota sullo specchietto retrovisore sinistro che un autobus della linea 5, ovvero proprio quello utile alla signora, si sta accodando dietro alla 10. "Signora, scenda qui, prenda l'autobus dietro di me e chieda dove dovrà scendere". La signora ringrazia, scende e a testa bassa, stando attenta a non cadere, accelera il passo. Una volta giunta in prossimità di una porta sale, percorre il corridoio e raggiunge la cabina guida. Non realizzando che era risalita sulla stessa 10 dalla porta posteriore, ripropone la stessa domanda allo stesso autista sbigottito e subito dopo: "Ma... ma a voi vi assumono tutti uguali???"

Lancio

Una signora sta correndo verso l'autobus in partenza, trasportando due pesanti borse della spesa. È uno di quei casi in cui la cortesia di un conducente si scontra con il regolamento che prevede che mai venga riaperta la porta una volta chiusa. Eh già, perché non tutti possono immaginare quante persone cadono da sole ogni giorno e non parlo ovviamente di frenate brusche d'emergenza, che possono causare spiacevoli imprevisti per l'utenza, ma è accertato che persone in età che vogliono accelerare la loro andatura rischiano in maniera ancora più grave di inciampare. Con l'autobus in movimento e fuori fermata sarebbe davvero meglio desistere (opinione d'autista che si scontrerà sempre con richieste o pretese dell'utente ed esempi che "*el iera ancora fermo, el podeva e el doveva verzerme!*". Ma non è questo il libro delle polemiche). All'interno del mezzo, invece, quando le porte si chiudono, l'utenza si prepara ad un movimento di accelerazione che porterà il loro corpo all'indietro, ed una eventuale frenata in quel momento con conseguente sbilanciamento imprevisto in avanti risulta una delle cause più classiche di piccoli malanni, colpi e distorsioni. Qualche autista la lezione la impara sulla propria pelle, mentre altri cedono allo sguardo della signora di turno, che sembra avere così urgenza di prendere proprio quel bus, ed infrangono a loro rischio le regole insegnateci. La signora in questione per fortuna non si fa niente, ma incappa in una di quelle figuracce che attirano a sé gli occhi di tutti. Proprio per aver accelerato il passo e complici delle scarpe non adatte alla corsa, appena mette il primo piede sul gradino della porta anteriore tutta la gamba scivola lateralmente, perdendo il controllo del corpo. Un braccio va verso l'alto, tipo uno sportivo lancio del martello, portando con sé la borsa della spesa che si spezza (dai, diamo la colpa anche ai nuovi sacchettini ecologici di facile rottura). In cabina dell'autista arriva di tutto! Un barattolo di polpa di pomodoro viene proiettato verso il parabrezza, il pacco di pasta perde qualche penna liscia (pazienza, si sa che son più buone le rigate!), ma, soprattutto, una bottiglia d'acqua gassata già ben che agitata durante la corsa inizia a spruzzare facendo la doccia al conducente. Dopo il momento di spavento per la caduta ed ogni sorta di scuse per l'imprevisto da parte dell'incolume utente ci si può lasciare andare ad una sana interminabile risata, che compenserà la ripartenza in ritardo.

Il vetro

Gli autobus, ve lo assicuro, alla mattina escono dal deposito puliti, non c'è una cartina a terra e ciclicamente vengono puliti a fondo. Ne fu testimone un signore occhialuto che, avvicinandosi al conducente per chiedere informazioni, non vide il vetro e ci picchiò il naso con talmente tanta violenza da farci uscire un po' di sangue e piegare gli occhiali. All'impotente e assolutamente incolpevole autista non rimase altro che aiutarlo e poi scrivere una segnalazione di incidente in cui si è trovato a tu per tu, a davvero pochi centimetri, con la faccia del signore spiaccicata sul vetro alla sua destra.

In mutande

Quando piove, piove anche per i capi. Un controllore si reca sul posto di lavoro con lo scooter, purtroppo però l'ultimo chilometro lo fa sotto il diluvio e quando arriva in ufficio al Centroradio ha pantaloni e giubbotto zuppi d'acqua. Si toglie il giubbotto e lo appoggia sopra un calorifero e nota che per fortuna la camicia è asciutta. I pantaloni rappresentano un problema perché lo attende un turno completo su una sedia imbottita e bagnerebbe anche quella. Dovete sapere che tra il "camerone", ovvero la stanza più grande dove noi conducenti compiliamo i documenti per il servizio, ed il centro operativo con radio e computer per la viabilità ed i turni c'è un muro con due sportelli simili a quelli dell'ufficio postale, per capirci. Il controllore decide quindi di togliersi i pantaloni, appoggiare anch'essi sul termosifone ed infilare le gambe sotto il tavolo, nascondendole. L'unico ad esserne a conoscenza è il collega, in quanto solitamente operano in due per turno. È una scena che adesso vediamo spesso nelle videochiamate in smart-working, quando sospettiamo che la persona che ci appare sullo schermo in giacca e cravatta sia comodo almeno in ciabatte senza calze e scarpe. Immaginatevi dunque un nostro capo in camicia azzurra con le mostrine sulle spalle ma in mutande, che in un unico attimo di distrazione si alza per perfezionare un lavoro e si mostra ai tre conducenti nei paraggi dello sportello in quel momento. Ovviamente piegati dal ridere!

NON SI DICE

A volte capita che ci venga assegnato un turno spezzato in due parti: alla mattina ad esempio dalle 5 alle 9.30, poi due ore di pausa, per poi riprendere alle 11.30 fino alle 14.30. Alla stessa maniera al pomeriggio il turno può iniziare alle 13 per finire alle 15.30, qualche ora di pausa, per poi riprendere alle 18 fino alle 22.30.

Un controllore che stava sistemando il turno dell'indomani, compensando al giorno di malattia di un collega con qualche ora di straordinario da assegnare ad altri due conducenti, decide di telefonare a una autista alla quale era stato assegnato per il giorno successivo proprio un turno spezzato.

Signorina: "Pronto".

Controllore: "Buongiorno, sono il controllore, ti va bene se domani ti riempio il buco?"

Signorina: "Come scusi?"

"Autista, cossa devo cior per andar in zimitero?"

"La provi col cianuro! Ops, la me scusi signora xe una batuda vecia e la me xe uscida cussì"

"Hahahaha ma sì ridemo! Però volessi saver se adesso la

va in cimitero e no la me stia risponder... spero dopo de lei! Hahaha! Opur sì ma restemo fora!"

"La me pol verzer de drio?"
"No posso, siora, son sposado!"

"La vien tre volte al'ora?"
"Magari Siora! Due a setimana se va ben"

Per regolamento ed educazione personale il conducente non dovrebbe prendere in giro chi in prossimità dell'autobus sta tenendo qualche comportamento particolare o si adopera in manovre azzardate o sbagliate col proprio mezzo. Per fortuna spesso capita che siano gli utenti della parte anteriore del bus a commentare ad alta voce in modo colorito, coinvolgendo l'autista nella risata. Due esempi:

1) L'autobus è fermo al semaforo in via Ghega all'altezza del Conservatorio, un'automobile esce da via Rittmeyer, ma la signora alla guida ha il cellulare nella mano destra e la sigaretta nella mano sinistra e a malapena sterza a destra per imboccare la corsia che le consentirà di svoltare a sinistra per via Roma. Un arzillo vecchietto all'interno del bus esclama: *"Adesso voio propio veder come la farà a girar, cola parussola forsi!"*

2) Galleria di Muggia, quella stretta ad una corsia che da Largo Nazario Sauro (porticciolo) porta a Calle Puccini e via Roma. Una signora alla guida di un'autovettura entra in galleria in direzione del centro nonostante il semaforo sia rosso ed a metà galleria si trova davanti un autobus che procede in senso opposto. Non entrano in contatto, ma la

signora deve fare retromarcia. E qui sorgono i problemi: la signora è incapace di fare tale manovra. All'interno del bus un utente filma tutte le manovre strampalate, sbatte a sinistra, tocca a destra, si raddrizza, riprova, zig zag continui, sembra davvero un'impresa. Il video diventa virale sui social e le risate che si sentono in sottofondo sono contagiose. Ribadisco che nessuno ha il diritto di prendere in giro nessuno, ma è altrettanto vero che ogni conducente di qualsiasi mezzo deve saper fare quella manovra (e se a passare doveva essere un mezzo di soccorso in emergenza?). Chissà se la signora si è rivista in quel video ed in cuor suo ha fatto un corso di guida o almeno un fondamentale aggiornamento.

Non fu questo il caso data la lunghezza della manovra, ma è capitato più volte che qualcuno nel tentativo di parcheggiare la propria automobile intralciasse il traffico, e dopo cinque tentativi errati di parcheggio il conducente del bus si sia sentito mosso nell'animo e "Scusi, mi permette?", facesse scendere la persona incapace ed alla prima manovra infilasse l'automobile negli spazi giusti per poi risalire sull'autobus e ripartire con i complimenti da parte dell'utenza.

Anche tra gli utenti non mancano malintesi e disguidi. Spesso sono limitati a dei brontolii ed il più comune è rivolto a chi staziona vicino alla porta centrale senza scendere ed a chi scende da dove si sale. Rimanere dalla parte della ragione senza offendere pesantemente è difficile per tutti, ma una signora in particolare decise di rispondere pari pari a chi la stava offendendo: *"Spostite dei, camel de baba!"* si sentì apostrofare. Replicò: "Stia zitto, ehm ehm... dromedario!"

Un autista giovane è alle prime esperienze di guida con l'utenza a bordo. Al suo fianco c'è un conducente più esperto ad aiutarlo. Effettua regolarmente una fermata, riparte e dopo una decina di metri si ferma ad un semaforo rosso. Una signora elegante con due borse della spesa si avvicina alla porta anteriore e, bussando, chiede il permesso di salire. L'autista più vecchio ricorda al giovane che l'apertura delle porte fuori fermata è vietata e rappresenta un rischio di cui solo lui dovrà eventualmente rispondere. Il giovane opta per lasciarle chiuse. A quel punto la gentil signora appoggia le borse a terra, infila le mani nella fessura della porta e, allargando le guarnizioni ci infila la bocca per poi urlare "V... V...", alla terza V probabilmente si accorge di essere al centro della visione da parte di una cinquantina di persone, e quello che doveva essere il più classico dei Vaffa diventa un esilerante "V... Vigliacchi!"

NON SI FA

Quanti comportamenti strampalati ed azioni fuori contesto abbiamo visto a bordo dei nostri autobus! Preciso che trattasi di eccezioni ed in quanto tali restano impresse nella mente. E quanti scherzi tra colleghi, alcuni dei quali anche puniti con sanzioni interne, rapporti o giorni di sospensione, ma altri hanno fortificato in noi conducenti il senso di famiglia, di appartenenza e di amicizia, perché poche cose come il sorriso uniscono le persone. Eccone una parte.

Un anziano utente si siede tranquillamente sul seggiolino in prossimità della porta centrale, quindi tutt'altro che nascosto, si toglie la scarpa, si leva pure la calza e inizia a tagliarsi le unghie dei piedi!

Appena assunto in Azienda mi viene illustrato il deposito del Broletto. Mi viene spiegata la funzione di ogni corsia, il lavaggio, il rifornimento, eccetera. Entriamo in uno stanzone, il nostro famoso e famigliare *"Cameron"*, dove noto gli autisti più anziani ridere e scherzare in attesa di cominciare o riprendere il proprio turno. Uno di questi prende un accendino e si avvicina di soppiatto ad un collega che sta leggendo il Piccolo. Nascosto dal giornale, dà letteralmente fuoco da sotto in su alla carta! Vi lascio immaginare la faccia del lettore quando le fiamme iniziano a divampare. Imprecazioni accompagnano il lancio del quotidiano a terra ed il suo spegnimento. Risate abbondanti ed occhi sgranati per un gesto così imprevedibile mi fanno pensare "Ma dove sono capitato?", ma in fondo qua si ride ed a me sta molto bene così.

Sto arrivando in fermata ed intravedo una persona indaffarata con la propria scarpa. Mi vede e richiede regolarmente la fermata. Apro la porta anteriore davanti a lui, lui appoggia il piede sul primo gradino e si sistema la scarpa che gli dava problemi, se l'allaccia e non sale: "Mille grazie, può ripartire!", lasciandomi di sasso ma divertito.

È proibito dal regolamento accettare soldi da un utente che, sprovvisto di biglietto, tenta di mettersi in regola pagando il conducente. Gli si consiglia di chiedere a qualche altro utente la vendita di qualche biglietto, gli si ricorda che bisogna salire già provvisti del titolo di viaggio. Però... però il prossimo aneddoto rappresenta l'eccezione che deve confermare la regola: linea 24, direzione Castello e Cattedrale di San Giusto, la fermata è quella di fronte a piazza Unità. Ad attendere l'autobus ci sono una quindicina di signore, quasi tutte di pari età, evidentemente turiste appena scese da una elegante nave da crociera e desiderose di visitare la nostra città. Piccolo particolare: l'autista non spiccica una parola di inglese. Una volta aperte le porta anteriori le signore si mettono diligentemente in fila indiana dietro alla prima, che con due euro in mano chiede: *"How much does it cost?"*. Preso alla sprovvista, il mio collega mima, tenta di spiegare con l'aiuto delle dite che il costo è poco più di un euro ma che non ne ha mostrando una tasca vuota. Le turiste capiscono tutt'altro: probabilmente che non ha più il resto da darle e di questo ne è davvero dispiaciuto. La prima signora appoggia i due euro sul cruscotto e va a sedersi, la seconda la copia e idem la terza. Lui si alza in piedi ed esclama *"No, non poss!"*, come se togliendo la o finale possa far capire che non vuole e non può accettare. Viceversa le donne esclamano tutte *"Yes, yes"* e con la mano allontanano ulteriormente la moneta nel chiaro gesto di "tenga pure anche il resto". Salgono tutte quindici. Lui si ritrova con trenta euro davanti a sé e un'enorme quesito: "Che faccio adesso? E se sale il controllore? Rischio pesanti sanzioni!". Proprio in quell'istante il collega con la 9, accodatosi in fermata, vorrebbe ripartire e non star lì a perder tempo, dato che di imprevisti non ne vede manco l'ombra. La 24 riparte ed oggi mentre mi sta spiegando l'accaduto l'autista rammenta soprattutto l'imbarazzo e lo sconcerto più che il fortuito ed imprevisto incasso. Eh già, fece trenta euro per sei minuti di viaggio, quindi se l'Azienda ha accusato un piccolo passivo una quindicina di anni fa sapete di chi è la colpa, ma, mi dispiace, è già in prescrizione!

E se incrociaste una vettura ed al posto di guida non vedeste nessuno?

Questo capitò più volte sul tram della linea 6, anni e anni fa. Un tranviere particolarmente burlone, infatti, quando in viale Miramare stava per incrociare l'altro tram si chinava, nascondendosi alla vista di chi arrivava frontalmente. Certo, i binari di allora non consentivano sicuramente cambi di direzione ma veder passare un tram con nessuno alla guida doveva essere una scena da film dell'orrore!

Qualche scherzo, qualche ragazzata, l'abbiamo subita anche noi conducenti mentre eravamo alla guida del nostro bus. Sulla 29 lungo la via Soncini, ad esempio, in estate, il parabrezza veniva colpito da spruzzi d'acqua sparati da pistole giocattolo azionate da due giovani un po' indisciplinati.

Un gruppetto di ragazzi fece lo scherzo del portafoglio all'autista della 12, una linea che percorre frequentemente in andata e in ritorno via delle Cave nel rione di San Giovanni. Durante l'andata all'autista parve di vedere un portafoglio a terra in mezzo alla strada. La nomea di questo conducente era di essere tirchio, insomma il classico "*istrian*", e quando mi raccontò questo aneddoto disse che al ritorno passò con la ruota anteriore del bus sopra il portafoglio, capendo esattamente l'importo e che non doveva conteneva granché, ma era pur sempre un portafoglio, quindi arrestò il mezzo, scese e andò per raccoglierlo. Ma proprio in quell'istante dei ragazzi a bordo strada tirarono il filo sapientemente nascosto, allontanando il portafoglio dalle sue mani, scoppiando a ridere e lasciando di sasso il conducente.

Non si fa... la spia! Se, però, pensi di essere in pericolo sull'autobus e decidi di intervenire assicurati almeno di farlo per un giusto e provato motivo. Eh già, perché un utente chiamò le forze dell'ordine: "C'è il conducente che ha bevuto a grandi sorsate della grappa! Venite!". Gli venne chiesto: "Ma è sicuro? La bottiglia com'è?", "La bottiglia è senza etichetta e il liquido è trasparente come... come l'acqua". Ecco, appunto. All'inutile controllo era proprio acqua!

In autobus bisognerebbe mantenere un comportamento civile ed adeguato. Non si dovrebbero fare scherzi. Ma... una volta fu davvero curioso notare come tutti gli utenti nella parte anteriore del mezzo fossero colti da attacchi di starnuti continui, mentre la gente in fondo si coprisse il naso per non sentire una tremenda puzza quasi di uova marce. Furono ritrovati gli oggetti incriminati ma non i colpevoli, dato che di giovani ce n'erano una decina: la classica bombetta puzzolente, ovvero una fialetta rotta accanto alla obliteratrice posteriore ed una bustina con ancora un po' di pepe accanto ad un sedile. Dopo cinque minuti tutto si risolse dissolvendosi. Chissà se oggi con le telecamere sarebbero capaci di rifarlo, ma guardando i giovani d'oggi, tutti chini sul proprio cellulare per tutto il tragitto, mi vien da pensare che non si facciano proprio più gli scherzi di una volta.

I meccanici che devono intervenire in linea sugli autobus lavorano in coppia e di solito si instaura un rapporto di amicizia, collaborazione e rispetto. Ecco l'eccezione che conferma la regola: al rientro in deposito uno dei due rubava sempre la doccia all'altro, la voleva occupare sempre per primo con il rischio spesso reale di esaurire l'acqua calda. Non voleva proprio saperne di alternare nei giorni l'uso della doccia nel loro spogliatoio, o di capire che almeno qualche volta anche l'altro poteva aver fretta di uscire per le proprie esigenze. E se non lo capiva con le buone maniere ecco i rimedi: per un paio di volte il collega è andato a chiudere la valvola centrale dell'acqua lasciandolo insaponato, ed un'altra volta, a inizio servizio, di nascosto ha svitato il soffione della doccia, ci ha inserito un dado per brodo e lo ha avvitato nuovamente, facendogli fare una bella doccia salata! Qualche disguido, per fortuna davvero pochi, capita anche nelle migliori famiglie.

In luoghi chiusi come ascensori ed autobus sarebbe davvero il caso di non lasciarsi andare a peti rumorosi e puzzolenti. E se a scoreggiare fosse l'autobus? Per l'impianto frenante ed il funzionamento delle porte viene caricata continuamente dell'aria compressa che, in caso di esubero viene sfiatata tramite una valvola. Di solito il suono è simile a un forte soffio, a volte è accompagnato da un fischio, ma capitò proprio che per uno strano tremolio o leggera vibrazione di qualche valvola o guarnizione quello sfiato assomigliasse proprio a una enorme pernacchia o appunto a un peto. Ad un gruppo di ragazzini non parve vero di assistere a ritmi regolari a questo spettacolo sonoro, ed accompagnarono lo sfiato con altrettanti rumori ridendo a crepapelle.

Nel 2004 ci fu l'adunata degli Alpini a Trieste. La città si lasciò travolgere dall'allegria delle amate Penne Nere. Canti, balli, trasferimenti su mezzi particolari con rimorchi pieni di gente festante caratterizzò quei giorni. Capitò, però, che io mi cagai letteralmente sotto dallo spavento: imbottigliato nel traffico scesi dal mio autobus per chiedere ad un'automobilista di spostarsi leggermente per permettere il mio passaggio. Proprio quando stavo per risalire, un alpino, evidentemente un collega di un'altra città, chiuse la porta anteriore e si mise alla guida del bus svoltando a sinistra. Nonostante le mie urla, fece il giro dell'isolato trovando fiducia ed appoggio da tutta l'utenza convinta che, in fondo, era uno scherzo di venti secondi. Ridendo mi convinse subito a non denunciare il sequestro del mezzo, e tutti dissero che la mia espressione valse il rischio di una azione proibita.

Cosa non fare quando arrivi tardi e hai perso l'autobus per pochi secondi? Sicuramente non corrergli dietro con il rischio di scivolare e cadere in strada, per poi, una volta raggiunto, imitare quell'utente che si credette Hulk o Superman e cercò di trattenerlo con la forza. Sullo schermo della telecamera posteriore al conducente non parve vero di intravedere delle dita piegate e tiratissime appoggiate sullo stipite della porta, mentre dallo specchio retrovisore destro ogni tanto appariva una testa, le ginocchia piegate come a tirar qualcosa a sé a tutta forza, ed a volte la faccia in una smorfia di sforzo disumano, nel vano tentativo di vincere i 400 cavalli a motore del bus.

Pensando di non essere sentito e di essere il più furbo sulla Terra, un signore lasciò appositamente le dita tra le porte in chiusura e disse al vicino: "Basta far finta di farsi male, dirlo all'autista e si prendono i soldi!". Fosse così facile!

IMPREVISTI E MALINTESI

Perché un turista straniero ti chiede se “questa 29 va in Svevo?”, per poi trovarsi spiazzato quando lo fai scendere in Sottoservola? Semplice, lui cercava la libreria omonima che è da tutt’altra parte! Ed un altro salito sulla 25 ti chiede “Revoltella?” convinto che la via, la villa e soprattutto il museo siano tutte lì! Qualche conducente riconosce l’accento (soluzione facile se ti chiedono “Mugghia?” o “Longhera?”) e riesce a correggere il suo itinerario, ma quello che ha dato i nomi a questi posti poteva pensarci un po’ prima!

“Questo è l’aeroporto?” sembra una domanda banale, ma non se ti viene posta a Grozzana, una frazione di quattro case in mezzo al bosco circondata dal verde, da un ragazzo con la valigia salito sulla 51 urbana con le corrette indicazioni sul display e non sulla extraurbana per l’aeroporto.

“Capo, qui al capolinea ho una donna che si è spogliata completamente ed è rimasta nuda. Mi può mandare rinforzi?”

“Ma a 25 anni ti servono già rinforzi? Hahahaha, ok ok, ora ti mando qualcuno”.

Non è un imprevisto. La goccia in galleria verso Piazza Foraggi è una certezza! Tutti i triestini conoscono la *ioza* e la temono se hanno appena lavato l'auto. Sanno che è carica di calcare e la macchia rimane visibile e richiede più di qualche passaggio col tergicristalli. Ecco allora l'imprevisto per chi come noi ci ha a che fare più volte al giorno: esaurire l'acqua per pulire il vetro e convivere con quegli aloni che al sesto passaggio diventano delle mappe geografiche crittografate!

Moglie e marito sul marciapiede di una fermata molto frequentata a una decina di metri di distanza una dall'altro. La prima mette il piede sul primo gradino e urla *"Sempio! Questa dovemo ciapar!"*. Il marito con il piede sul primo gradino di un'altra porta le ribatte da lontano *"Sempre de testa tua te vol far! Questa xe quela giusta!"* Salgono entrambi senza ascoltare il consiglio dell'altro e mandandosi a quel paese ancora un paio di volte, salvo poi ritrovarsi sulla stessa 10 da diciotto metri in quanto saliti una davanti e l'altro dietro.

È richiesta ed è gradita una bella presenza, oltre ovviamente di indossare la divisa mentre si è in servizio. Un autista alquanto eccentrico, però, era solito portare i capelli lunghi e tingerli vistosamente di nero corvino. In un giorno in cui la ricrescita grigia era particolarmente evidente, un collega sentì un utente dire: *"No monto sula 3 ogi, la guida una vecia!"*

Linea 24 più di vent'anni fa. Ultima corsa della sera. Un'autovettura ostacola il passaggio dell'autobus. Per riuscire a passare sarebbe necessario fare qualche metro in retromarcia ma è una manovra pericolosa da fare da soli in quanto la visibilità è ridottissima. Con la dovuta assistenza il conducente prova ad inserire la retro ma niente, non vuole proprio saperne di entrare, provano anche i meccanici ma il guasto è evidente. La soluzione è solo una, spingerla a mano! Pur di arrivare a casa in autobus e non doversi fare via San Michele a piedi cinque utenti si offrono di aiutare, scendere e spingere l'autobus!

L'autobus modello 418, per chi se lo ricorda, era prodotto dalla Fiat tra gli anni Settanta ed Ottanta ed a Trieste rimase in servizio fino agli anni Novanta, per esempio sulla 34 e sulla 28. Quando si era fermi al semaforo era consigliato appoggiarsi ai sostegni per godere di un massaggio linfodrenante, da quante erano le vibrazioni. Di colore verde, tra le varie caratteristiche aveva un freno-motore rumoroso ma efficace, che consentiva frenate morbide. L'autista aveva tanta visibilità perché tutto lo spazio alla sua destra era libero, non occupabile in quanto le sbarre di acciaio ne delimitavano l'ingombro. Accanto alla leva per aprire le porte era sistemato un estintore, e proprio questo importante accessorio causò un imprevisto da comiche. Il conducente sale dalla porta posteriore, percorre il corridoio, apre la sbarra per poi richiuderla dietro a sé. Ma proprio quando sta per sedersi la balza del pantalone si incastra nella leva che aziona l'estintore, evidentemente privo del perno di sicurezza, che emette una enorme fumata bianca! Il parabrezza viene completamente coperto e per fortuna nessuno è seduto sui sedili anteriori e l'unico ad uscirne completamente imbiancato, faccia compresa, è lo sfortunato tranviere!

Non so se sia capitato anche a voi o abbiate assistito a questa scena da comiche, ma noi conducenti ne vediamo decine ogni giorno. Chi è sul marciapiede e vede arrivare il proprio autobus richiede la fermata allungando o allargando il braccio ed il suo sguardo è diretto verso il mezzo, così a volte non si accorge del sopraggiungere di un pedone alla propria destra e gli rifila involontariamente un colpo di karatè sulla pancia o nel basso ventre. Ne seguono sempre le scuse, ma vi assicuro che la scena è spesso molto divertente.

Al capolinea di Grignano una catenella separa la fermata dal mare. Sistemata lì proprio per sicurezza, sarebbe meglio aggirarla per andare ad osservare da vicino il fondo del mare, e non tentare di scavalcarla se non si è più agili come una volta. Proprio questo fu il tentativo di un mio collega, che riuscì a mettere oltre la catenella solo il primo piede e nel momento in cui alzò il secondo perse l'equilibrio, e rotolò a terra a pochi centimetri dall'acqua. Salvò a malapena il cellulare a scapito di una scarpa. Per fortuna si trattava della sinistra ed in una guida con marce automatiche il piede sinistro è solo appoggiato per darci stabilità. Effettuò l'ultima corsa senza che nessuno se ne accorgesse... ed andò a casa mezzo scalzo.

Oggi siamo abituati a veder gente che parla da sola e intravedendo subito l'auricolare capiamo tutti che non si tratta di qualche disturbo mentale, anche se in realtà dicono che parlare da soli permette di chiarire i propri pensieri, riuscendo a capire che cos'è importante e prendere eventuali decisioni.

Con i primi auricolari si sono creati malintesi ovunque, ed anche al capolinea ne accadde uno curioso: al cambio turno, dopo essersi scambiate le informazioni e le consegne, uno dei due iniziò ad inveire ed allontanandosi si lasciò scappare qualche parolaccia. L'altro autista rimase di sasso anche perché le persone lì intorno avevano assistito alla scena e pareva proprio che ce l'avesse con lui.

Il giorno dopo servirono dei chiarimenti davanti ai capi, ma stavolta a rimanere di sasso fu il collega imputato, che davvero non riusciva a capire cosa fosse successo, e solo dopo qualche minuto risalì ad una telefonata importante che gli aveva fatto perdere le staffe.

Se sei alta un metro e cinquantacinque ed accanto a te si sistema un omone enorme che alza un braccio per reggersi e ti ritrovi una ascella maleodorante davanti alla faccia, devi sperare che l'autobus non sia affollato e ti sia possibile cambiar posto! Come tutti i luoghi affollati e frequentati bisognerebbe saper comportarsi per poter convivere in mezzo alla gente ma capita, per fortuna di rado, e soprattutto d'estate, che qualcuno preferisca usare il deodorante senza essersi prima lavato, dando una sua personale interpretazione del famoso profumo... Ascel numero 5.

A proposito di cattivi odori, capitò un fatto curioso per quanto nauseante. Un utente richiese l'intervento del conducente perché qualcuno evidentemente si era fatto la cacca addosso. Già, ma chi? Nello specchietto il mio collega perlustrò gli utenti uno per uno, alla ricerca di un personaggio che per un periodo ci mise in difficoltà, ma niente. Tutta gente distinta, tutti ad osservarsi l'un con l'altro negando allo stesso tempo di essere i responsabili. Cosa fare? Fermare l'autobus e annusare il fondo schiena di ogni utente? Scendere e far scendere tutti rifiutandosi di proseguire pur essendo in un orario di punta? Il colpevole rimase sconosciuto, nelle successive tre fermate scesero in parecchi ma nessuno a gambe larghe, e l'odore sparì.

L'imprevisto più temuto da tutti i conducenti d'autobus è ovviamente lo scagotto. Un attacco di diarrea può capitare a tutti, ma se il capolinea è ancora lontano la gestione può diventare davvero complicata. Causare problemi al servizio è qualcosa di antipatico e soprattutto imbarazzante, ma a volte può essere necessario fermarsi in sicurezza durante il percorso in qualche fermata con un bar nelle vicinanze e, chiedendo scusa all'utenza, spacciare il disguido per un calo di zuccheri, anche se la rapida camminata a gambe unite smentirà rivelando il bisogno fisiologico. Un ringraziamento dobbiamo farlo tutti al signor Imodium, che da qualche anno ci ha tolti dalla m... ops scusate, ci ha risolto qualche problema.

LANCIAMISSILI E CARRI ARMATI

Capita di fare degli errori. Una volta, per voler far presto e non dover attendere l'uscita dal deposito del mezzo che lo precedeva nella stessa corsia, un collega pensò di poter cambiare corsia (fino a quindici anni fa era una manovra pericolosissima, perché certe corsie erano dotate di fossa per facilitare il lavoro dei meccanici sotto i mezzi, con l'enorme rischio di finirci dentro con le ruote). Prese le misure, errate, e passò sotto le lampade al neon, causandone il distacco di una. Si scusò col caporeparto, prese addirittura la scala per una rapida sistemazione e tutto sembrò risolto. Non si accorse, però, che non si era solamente staccato il copri lampada, ma che un neon era uscito dalla sua sede e si era appoggiato parallelamente sul tetto dell'autobus. Con le prime curve a destra e sinistra non successe nulla ma una volta giunto fuori dalla seconda galleria, dovendo frenare al semaforo in prossimità di Piazza Goldoni, il neon seguì la forza cinetica in avanti e fu proiettato come un missile verso la piazza. Il collega, quando mi raccontò questo aneddoto, rise di gusto ma ricordò che non fu proprio una bella sensazione vedere sopra la propria testa volare un simile proiettile! Per fortuna capitò il mattino presto e nessuno si fece male.

Se il “lanciamissile” è solo un racconto, tanti di voi, invece, ricorderanno quelli che furono proprio denominati carri armati, ovvero quei piccoli bus Iveco carrozzati De Simon modello Starline 4x4, in servizio per tanti anni dal 1987 soprattutto sulla 38 lungo la ripidissima via Bonomea, con ogni condizione meteorologica grazie alla loro trazione integrale. Nonostante le buone intenzioni, sia ai viaggiatori che agli autisti, non hanno lasciato ricordi entusiasmanti. Qualche utente con problemi di deambulazione ricorderà infatti l’arrampicata su quei ripidi gradini, di cui uno a scomparsa mentre noi li ricordiamo per il calore sulla coscia destra troppo vicina al motore e per il tremore durante il viaggio a causa soprattutto di quegli enormi pneumatici tassellati.

OGGETTI RINVENUTI

Rappresentano la normalità:

- Una quantità incredibile di ombrelli, in quanto il miglioramento meteorologico durante il viaggio in autobus fa dimenticare l'oggetto accanto al sedile.

- Cartelle da disegno e sacchetto per la ginnastica scolastica, perché addormentati o sbadati studenti per quattro giorni su cinque non li portano e lo zaino sulle spalle sembra abbia già tutto l'occorrente.

- Guanti (di solito uno singolo e non la coppia), cappelli e piccoli oggetti come le chiavi, che accidentalmente fuoriescono dalla tasca dimenticata aperta.

- Borse con alimenti, di solito non quelle più grandi con la spesa maggiore ma quelle più piccole con il solo pane o i salumi.

Le eccezioni, invece, vanno dal "disgusto" al "clamoroso":

- La provetta con le urine, magari in bilico e non perfettamente chiusa.

- Il sacchettino con le seppie, dimenticate chissà da quante ore nelle vicinanze del motore e quindi già di color verdognolo e puzzolenti.

- Le stampelle! Non siamo al livello della sedia per invalidi (vedi capitolo miracolo sulla 10), ma lascia comunque il dubbio se si tratti di una dimenticanza di chi le deve consegnare al malato o di una incredibile rapidissima guarigione.

- La *bereta!* Per i non triestini è corretto specificare che la *bereta* per noi è il berretto, ma diede adito a un clamoroso fraintendimento quando un conducente chiamò il Centroradio comunicando di aver trovato una *bereta*, e furono movimentate le Forze dell'Ordine convinti di aver a che fare con una pistola Beretta ed eventuali impronte digitali. Inimmaginabile la faccia sia dell'autista che dei poliziotti quando la Volante fermò l'autobus ma si videro consegnare un cappello!

- Un apparecchio acustico. "Signore, ha perso l'apparecchio acustico! Signoreeeee si fermi! Ha perso l'apparecchio! Si fermiiiiii", ma ovviamente non sentì e l'oggetto fu consegnato all'ufficio preposto.

- Una pentola con un profumatissimo e sicuramente succulento minestrone.

E per concludere, una richiesta al contrario: chi ha "trovato" almeno un martelletto? Quello infrangi vetro che sugli autobus più vecchi era trattenuto dal solo filo di ferro. Era facile rubarlo, oggi molto meno, ma son passati dieci anni e va tutto in prescrizione: per ogni martelletto una copia del libro in omaggio!

ANIMALI

Una ragazza abbastanza minuta sale con un alano arlecchino, grande, alto e dal peso approssimativo di 80/90 chili ma... "Tranquillo autista, lo tengo in braccio!"

La foto fu visibile su tanti social e pubblicata sul giornale: una cornacchia entrò con fare disinvolto, controllò tra i sedili e nel corridoio se qualcosa potesse interessarle, si fece fotografare tranquillamente e, si narra, scese diligentemente dalla porta centrale!

Capolinea Villa Carsia, estate, autobus della linea 39 fermo con tutte le porte aperte. Un capriolo spaventato da una motocicletta particolarmente rumorosa corre all'impazzata attorno alla piazzetta. L'animale confuso da luci e rumori sale sull'autobus! Non si sa chi abbia patito lo spavento maggiore tra i due utenti a bordo, l'autista ed il povero capriolo. Dopo aver ritrovato un po' di calma l'animale è sceso dirigendosi verso gli alberi, lasciando gli umani sorpresi e parecchio sbigottiti.

Capolinea a Cologna. Primavera. Il conducente della 28 si gode i quattro minuti di pausa, scende dal mezzo per sgranchirsi un po' e fare due passi verso la chiesetta.

Cammina osservando i primi fiori della stagione, e giunto in prossimità di un albero ne approfitta per espletare velocemente un bisogno fisiologico. Una volta richiusa la zip dei pantaloni e gettata la salviettina per le mani risale sull'autobus pronto a ripartire. Sembra tutto regolare, ma proprio nel tratto con maggior pendenza di via Commerciale, sente un solletico all'inguine e subito dopo ha la netta sensazione che il testicolo destro gli stia saltando! Tun tun tun! Sembra che la palla stia bussando per uscire! Mantiene la calma non senza difficoltà, ma deve al più presto trovare la soluzione a ciò che sta accadendo nelle sue mutande. Giunto in fermata inserisce la mano all'interno dei pantaloni attirando l'attenzione di una signora appena salita. Non ci è dato sapere cosa abbia pensato l'utente, forse avrà interpretato una forma maniacale del conducente o una sua scarsa igiene tale da procurargli improvvisi pruriti. A causare tutto ciò è stata una piccola cavalletta nel maldestro tentativo di... voler far un salto in città.

Autobus della linea 8 appena arrivato al capolinea. L'autista controlla che tutti gli utenti siano scesi e, rilassandosi, emana un peto con la certezza che nessuno se ne possa accorgere. Dopo una decina di secondi sale dalla porta posteriore una signora con in braccio un cagnolino e va a sedersi proprio sul sedile anteriore alla destra del conducente. L'utente respira una volta col naso, si guarda attorno, inspira nuovamente ed esclama:

"Mi scusi tanto signor autista, è colpa delle carotine! Il veterinario ha detto di fargli fare una dieta e le carote evidentemente hanno questo effetto collaterale, mi dispiace!". E rivolgendosi al cagnolino innocente e dal musetto perplesso: "Ah Tobia Tobia che figure mi fai fare!"

"Non si preoccupi, signora, capita a tutti!"

Appunto! Bugiardo!

Linea 44: l'autobus sta arrivando in fermata dove ad attenderlo ci sono due ragazze e un signore che tiene un guinzaglio in mano. L'animale non è ancora visibile in quanto nascosto da un albero. Sale dalla porta posteriore e, anche dal rumore dei passi dell'animale, il conducente si accorge che non si tratta di un cane, come era normale aspettarsi, ma di una capra! Strabuzza gli occhi osservando nello specchio ciò che sembra troppo strano per essere vero. Il proprietario lo anticipa subito: "Autista, buongiorno. Berta può salire perché è il mio animale d'affezione, come scritto nel vostro regolamento, e non ha la museruola perché c'è scritto che devono indossarla i cani e non le capre e, infine, venga pure ad annusarla, non puzza assolutamente!". A sdrammatizzare la situazione ci pensa Berta che, sentendosi al centro di sguardi e discussioni per quella perdita di tempo, si esprime con un esplicito e significativo "Beeeeeh!".

Questa storiella sembra tratta da un cartone animato, da "Gli Aristogatti" ad esempio, da quanto è simpatica. Dobbiamo fare un salto nel passato, quando il latte veniva venduto in bottiglie di vetro, sistemate in cassette di metallo e trasportate da camion semiaperti. Un autobus della linea 30 che sale per Via Principe di Montfort entra in contatto con un camion del latte che sta scendendo da Viale della Terza Armata. Nessun ferito per fortuna, ma la collisione causa la rottura di innumerevoli bottiglie. Un ettolitro di fresco latte inizia a scorrere come un ruscello bianco e, si sa, ai gatti non mancano di certo fiuto ed opportunismo, cosicché in pochi minuti decine di felini accorrono increduli a quell'improvviso tenerissimo milk-party!

Anche per quest'altro aneddoto torniamo indietro negli anni. Più di quaranta anni fa il personale aziendale a bordo di un autobus era composto da due persone. Oltre al conducente, infatti, c'era il bigliettaio, ed anche quando quest'ultimo venne sostituito dalla tecnologia capitava di vedere un'altra persona in divisa su certi tratti di alcuni linee. Si trattava del cosiddetto pilota, ovvero colui che aiutava l'autista nella manovra di retromarcia, per esempio con la 34 a Coloncovez, la 39 a Gropada e, ultima ad arrendersi all'avvento delle telecamere posteriori, la 35 a Longera. Erano anni in cui si gettavano via meno cose di oggi, sicuramente si era più parsimoniosi, ma uno dei nostri colleghi davvero esagerava nel non buttar via nulla ed accumulare qualsiasi cosa utile di ogni genere. Immaginatevi dunque la 39 e questo estroso collaboratore urlare all'autista: "Ferma! Fermati subito! Immediatamente!"

Spaventato dall'urlo e preoccupato per un eventuale guasto il conducente arresta il mezzo, il pilota scende ed incurante degli occhi della decina di utenti, nonché del collega incredulo, si esibisce in una sorta di combattimento con un cane-lupo probabilmente uscito da qualche proprietà lì intorno. L'animale sta stringendo tra i denti una lepre catturata poco prima. Il pilota lo affronta urlando: "Raus! Vattene!", sbattendo violentemente i piedi a terra alternativamente. La gente osserva ciò che sta accadendo pensando che l'uomo, mosso da un amore verso la malcapitata lepre, voglia liberare la povera bestiola intrappolata nelle grinfie del cane. Niente di tutto ciò, lui vuole proprio la lepre per sé! Urla più forte, ringhia più del cane, si sbraccia fino a convincere il predatore a lasciare la preda. Afferrata la lepre per le orecchie, risale soddisfatto sul bus. Se ne infischia letteralmente di chi lo osserva, propone educatamente al collega incredulo se vuole fare a metà, sperando però in cuor suo di ricevere il "no grazie" e poterne fare sugo solo per sé. Ovviamente, di personaggi così, ne esistono davvero pochi ed in azienda solo lui si esibiva in scene del genere. Per fortuna! Tranquilli non è più in servizio.

Come in un classico racconto di un pescatore in cui ti spaccia l'orata di tre etti appena pescata per un dentice da un chilo e grande così (allargando le mani a indicare una misura almeno doppia della reale), l'aneddoto di un collega su un uccello rapace ha un pizzico di realtà e tanta simpatica fantasia.

Dovete sapere che il deposito del Broletto è composto da qualche palazzina con uffici ma soprattutto da capannoni lunghi decine e decine di metri, divisi in corsie, alcune adibite ad interventi meccanici, al gommista, al lavaggio esterno, alla pulizia interna e, soprattutto, alla sistemazione ordinata di tutti gli autobus pronti a prendere servizio. Un conducente mi ha raccontato che, una volta firmato il documento per iniziare il servizio, si è recato nelle prime corsie interne prendendo un enorme spavento perché, secondo lui, "un enorme avvoltoio stava volando nella sua direzione, e siccome era appena rientrato da una settimana di malattia ed aveva un colorito alquanto cadaverico pensava volesse infierire sul suo povero corpo!". In effetti c'era sì un uccello col becco ricurvo ed una apertura alare notevole, ma si trattava di un falco addestrato che stava ritornando dal suo falconiere.

Con la sua sola presenza, infatti, il falco fa spaventare

piccioni, gabbiani e qualsiasi altro volatile che abbia intenzione di nidificare all'interno del capannone. Ciclicamente il falconiere viene chiamato dall'azienda per evitare enormi costi di continue pulizie dalle varie "scagazzate" sui vetri e telai dei mezzi. Sicuramente non capita spesso di vedersi arrivare così vicino un falco, ed è una curiosità che merita di essere raccontata, ma scambiarlo per un avvoltoio che si alimenterà di una carcassa d'autista ce ne vuole eh!

BORA

Per chi passa tutte le ore del proprio turno in strada è normale avere a che fare con imprevisti dovuti alle forti raffiche di vento. Eccone alcuni:

Ricordo che venticinque anni fa indossavo la "superpippo", la famosa calzamaglia sotto i pantaloni, sciarpa e cappello, alla guida dei Fiat 418 (quelli verdi, che negli ultimi anni di onorato servizio erano in uso sulla 28, sulla 34 e sulla 40), oppure i 409 con la guida a destra (si vedevano sempre sulla 35). Tra le loro caratteristiche c'era l'ambiente unico, senza alcuna separazione e protezione tra il posto di guida e l'utenza. Ciò comportava che all'apertura delle porte una folata di vento entrava ovunque, e anche durante la marcia non mancavano gelidi spifferi. Per non perdere il documento di viaggio e la tabellina oraria con le varie partenze c'era una piastra in metallo con una pinza o un morsetto per tenere il tutto ben saldo.

Oggi le cabine sono quasi tutte protette, a parte certi Mercedes che hanno il vetro separatore all'altezza della testa, ed inoltre c'è la possibilità di aprire solo un'anta della porta anteriore in modo da ridurre il giro d'aria. Ma... si sa che la nostra amata bora è tremenda ed è capace di far volar tutto.

Ironia della sorte si chiama "foglio di via" il documento che accompagna ogni vettura in servizio, perché proprio via se ne andò all'apertura della porta: una raffica oltre i cento chilometri all'ora entrò violentemente in cabina, alzò il foglio, lo fece svolazzare qua e là fino a farlo uscire dalla porta! Ora, non è che sia una perdita così grave da comportare enormi disguidi, ma è comunque uno smarrimento fastidioso che va segnalato al centro, pertanto tirai il freno a mano e mi fiondai all'inseguimento del pezzo di carta. Non tutti gli utenti capirono cosa stessi facendo, con la testa rivolta al cielo correndo un po' di qua e un po' di là. Alternai qualche inutile salto verso l'alto quando la bora calava a qualche vano tentativo di fermarlo col piede quando si avvicinava al suolo, insomma un insieme di comiche movenze per una divertente caccia alle farfalle, con pubblico in attesa di ripartire ma in gran parte sorridente per l'accaduto.

Dopo aver finito il proprio turno in una giornata di vento fortissimo due autisti si ritrovano seduti uno di fronte all'altro per compilare il "rapporto di incidente".

"A te cos'è successo? Qualcuno è caduto o si è sentito male o danni alla carrozzeria?"

"Ho fatto un frontale con un raccoglitore dell'immondizia. Una raffica lo ha aperto, il coperchio ha fatto da vela spingendolo improvvisamente in mezzo alla strada, nonostante la frenata ci ho sbattuto contro ma nessuno si è fatto male. Tu?"

"È andata meglio a te. *Mi contro un condoto!* Hai presente i WC chimici? Ecco, in Piazza della Borsa ci sono dei lavori e qualche ditta, sicuramente non triestina, non ha fissato a sufficienza il gabinetto. Il vento lo ha mosso, si è diretto prima verso la banca e poi verso di me! Non avevo spazio di manovra, non potevo sfuggirgli, me lo son visto arrivare addosso, pochi danni ma... tanto schifo!"

Nonostante un autobus a due assi pesi circa quindici tonnellate, la bora riesce a farsi sentire anche su mezzi così pesanti. Le mani devono stare ben fisse sul volante in attesa delle raffiche più potenti in certe zone particolarmente esposte (Via Molino a vento, San Giacomo, le rive e Piazza Unità per citarne solo alcune) riducendo al minimo il cambio di traiettoria. Due parti dell'autobus sono però soggette a pericolosi inconvenienti:

1) Oggi la struttura degli specchi retrovisori esterni è fissa e lo specchio viene regolato da comandi interni, ma fino alla fine degli anni novanta tale struttura era semovibile, utile in caso di strettoie ove potevi tirar fuori il braccio e far rientrare completamente specchio e supporti per poi rimetterli in posizione appena superato l'ostacolo (l'uscita dalle corsie del deposito di San Sabba, ad esempio, prevedeva una manovra millimetrica), ma assolutamente pericolosa in giornate di forte vento. Capitava, infatti, che tra Mattonaia e Bagnoli con la 23 o la 40 lo specchio si chiudesse in maniera talmente brusca durante la marcia da rischiarne la rottura ed impedendo sicuramente di tener sott'occhio i mezzi che seguivano.

2) Esattamente sotto il posto guida sul fianco sinistro si trova il vano batterie. Fino a una decina di anni fa non era così difficile trasformarsi in un aeroplano! Le raffiche più potenti, infatti, riuscivano ad aprire lo sportello ed il conducente vedeva spuntare una pericolosa ala sinistra! Non poteva far altro che appellarsi al buon Signore sperando che nessuno scooter fosse in sorpasso in quel momento.

NEVE

"Capo, sono qua sulla finestra in zona Melara, sta nevicando tantissimo e non vedo passare gli autobus. Dovrei iniziare il turno tra un'ora, cosa posso prendere?"

"Potresti prendere... potresti prendere freddo se rimani sulla finestra!"

Il vero problema con le nevicate è sicuramente la fase iniziale, quando bisogna monitorare ogni strada e capire in tempi brevi se intervenire o meno. Al conducente interessato in quel momento spetta di comunicare con il Centroradio, sia per attenersi agli ordini che arrivano sia per collaborare ad avere una visione completa della situazione. Potrebbe essere sufficiente proseguire con cautela, perché la situazione è già in via di soluzione, o attendere mezzi spargisale e con catene per trovare la strada più pulita. Mi capitò di trovarmi all'Area di ricerca ed una volta giunto al capolinea decisi di capire meglio la tenuta dell'autobus che stavo guidando. Pur consapevole che stavo andando sul freno su un asfalto viscido, provai quasi terrore nel vedere la parte posteriore del mezzo perdere contatto ed iniziare a mettersi per traverso. E sapevo cosa stavo facendo! Figurarsi in un imprevisto.

Per migliorare le condizioni stradali l'Azienda fa correre

anche di notte alcuni autobus con catene sulle strade con più pendenza, ma poco potè nell'inverno del 1985 quando una nevicata ancor più grande del più vicino 2013 paralizzò la città. Ovviamente anche i mezzi e le tecnologie erano diverse ed un pensionato in servizio trentacinque anni fa mi raccontò col sorriso che si instaurò quasi una competizione tra colleghi su chi fosse il più bravo, il più capace a salire per via Marchesetti, ma non bastarono le catene di allora perché anche il più sbruffone e spavaldo, nonostante la rincorsa presa, vide le proprie ruote girare a vuoto e si dovette fermare sul bordo della strada grazie al marciapiede.

Ci fu un autobus in servizio negli anni '90 e primi duemila che aveva un sistema di minicatene, che potevano scendere davanti alla ruota in modo da battere l'asfalto insieme al primo tratto della ruota. Noi ricordiamo quei FTN più per i disguidi e malintesi che si creavano che per la reale utilità. Quel continuo strofinare a terra, infatti, spesso produceva scintille e ci sembrava di guidare qualche mezzo di Formula Uno visto in televisione. Capitava anche che degli automobilisti ci superassero, ci bloccassero allarmati che "c'è del fumo ed un inizio di incendio sulla ruota!".

Con la neve c'è poco da fare: mantenere la calma ed essere sempre in controllo. Se poi arriva anche l'aiuto dal cielo ancora meglio. Ad un mio collega, infatti, capitò di trovarsi in mezzo alla bufera e nel controllare tutta la situazione si accorse che le tre suore che stava trasportando erano impegnate e concentrate in una intensa preghiera. Un'immagine non proprio rassicurante in quanto, ad occhi chiusi, sembravano dire "Siamo nelle tue mani... e in quelle del conducente!".

ARIA CONDIZIONATA

Che argomento delicato! Qui si passa da *"Autista, ghe porterò le carte del dotor se ogi me amalo!"* a *"Che bel fresco giovinoto, vegnissi in giro tuto el giorno con lei!"* o ancora "Perché avete messo il bocchettone dell'aria proprio sul mio collo?" e "A casa non ho il clima, non devo andare da nessuna parte ma qui in bus si sta tanto bene!".

Le moderne tecnologie stanno continuamente migliorando i modi per rendere l'autobus un luogo con la temperatura ideale, cercando di limitare i tanto temuti sbalzi.

Quello che spesso ci viene imputato è di essere noi autisti a voler rendere l'autobus una ghiacciaia, non sapendo che nulla possiamo, che noi un tasto unico abbiamo, o accesa o spenta quest'aria incriminata. Qualche utente più brontolone sembra dimenticarsi che, mentre lui resta sull'autobus il tempo di una corsa, noi conducenti dobbiamo restarci tutto il turno e siamo i primi a voler creare un microclima, un ambiente unico con temperatura piacevole e costante, ma le aperture delle porte sono un normale e ovvio ostacolo.

Ricordo che con l'avvento del primo climatizzatore a bordo cercavo di interpretare le facce di chi saliva dalla porta posteriore, se sentiva un brivido, se si induriva o rilassava, ed a volte chiedevo al verificatore di turno *"Ciò ma de drio come se stà?"*, perché, pur essendo a solo qualche metro di distanza, la differenza c'era ma io non potevo conoscerla.

Ricordo venti anni fa, l'aria condizionata in autobus non esisteva ancora, ore 12 di un giorno rovente d'inizio agosto, capolinea della 6 a Barcola: mi sono tolto la camicia e l'ho inzuppata completamente d'acqua sotto la fontanella, l'ho indossata fresca e bagnata, ma quando sono arrivato al capolinea di San Giovanni era già completamente asciutta da quanto caldo faceva. Chissà se devo a quel rimedio momentaneo qualche doloretto attuale di cervicale?

Comunque, come per qualsiasi argomento, ci sono modi e modi per far notare cosa va e cosa non va, ed in questo caso il primo premio va ad un allegro signore che avvicinatosi alla cabina di guida disse: "Giovinotto, volevo solo informarla che ho ceduto il mio posto a sedere ad un pinguino anziano!"

RISCALDAMENTO

“Ti ricordi che freddo quella sera di gennaio? Eravamo appena stati assunti, guidavamo da tre/quattro mesi. Indossavo due paia di pantaloni, non so quanti maglioni, giubbotto pesante, sciarpa e cappello, insomma eravamo come due palombari al volante. Arrivò la Panda dei controllori con un thermos di thè caldo, mi riempirono un bel bicchiere e lo tracannai in pochi sorsi. Nessuno di noi due sapeva che ci mettevano il cordiale dentro! E noi siamo astemi! Mi ricordo la tua faccia hahaha!”

“Hahaha ed io ricordo la tua espressione! Ed eravamo appena a metà turno! Altre ore alla guida con quella gradazione alcolica che sarà stata del 40%, capitasse oggi ci sequestrerebbero la patente a tutti!”

PORNO

Sì! Avete letto bene, c'è scritto proprio porno. Vi chiederete cosa sarà mai successo che *"quando monto mi no sucedi mai niente!"*.

Un po' di tutto! Ce n'è per ogni gusto!

Il video

Erano appena stati acquistati i nuovi autobus, i primi con le telecamere. Gli schermi situati alla destra del conducente rimanevano accesi e la telecamera sopra la porta posteriore inquadrava anche buona parte del sedile in prossimità della ruota posteriore destra, quello, per capirci, contrario al senso di marcia e che guarda la porta e l'ultima fila di sedili. Durante una corsa serale estiva sale un'elegante coppia di trentenni: lei col vestitino corto e leggero, lui in camicia bianca completamente aperta sul davanti. Lei lo invita a sedersi proprio sul sedile di cui sopra, poi lei si siede sulle sue ginocchia ed iniziano a baciarsi. Fino a qua una bellissima scena romantica degna di un film. Il campanello suona ed anche l'ultimo utente scende, lasciando la possibilità alla coppia di alzare il livello delle effusioni. Ora sfido chiunque a guidare serenamente quando in una televisione alla vostra destra stanno trasmettendo un film porno. Vorresti non intralciare e non essere il guardone di turno, ma la coppia è ignara di essere inquadrata, la strada manco farlo apposta è pressoché libera e l'occhio cade più volte su quello schermo. Lei si sfila le mutandine, le mani di lui viaggiano ovunque e come se non bastasse lei scioglie la coda e scuote i capelli abbassando le spalline del vestito. Il lato curioso di tutto questo susseguirsi è che se l'autobus decelera la coppia si trattiene, supponendo un'eventuale fermata e salita di qualcuno, mentre se l'autobus prende velocità si disinibiscono sempre più. Insomma l'andazzo del film dipende dal piede destro del conducente! Al capolinea mancano ancora cinque minuti e vi lascio immaginare tutto il resto (non trattenetevi, hanno fatto di tutto!). Guidare in quelle condizioni non sarà stato proprio regolarissimo... se oggi sbirci il cellulare, e non necessariamente un video osè, puoi salutare la patente, ma in quel caso che colpa poteva avere l'ignaro autista? Comunque, tranquilli! Arrivarono al capolinea, in ogni senso. E quella corsa rimane a tutt'oggi l'episodio da raccontare con più successo in assoluto.

Oggettistica

Difficile davvero da credere, ma a un capolinea sull'Altipiano un conducente rinvenne un sex toy. Incalzato da domande dei morbosi colleghi, non seppe proprio ricostruire l'accaduto. Anzi, in quella zona, secondo lui, c'erano due suore. Non si sa se sia fuoriuscito involontariamente da una borsetta né tantomeno a chi potesse appartenere, fatto sta che lì, tra il sedile ed il sostegno, c'era proprio un vibratore!

Quando ho chiesto ai miei colleghi di raccontarmi qualche aneddoto voi non avete idea di quanti hanno trovato perizomi e mutandine da donna! Posso solo immaginare che trattasi di mutande di ricambio smarrite, ma il dubbio su qualche arzilla esibizionista e su qualche esplicito invito al conducente... rimane!

Un giorno fu consegnata ad un autista una borsetta da donna. Appena le condizioni di sicurezza lo permisero il conducente la aprì per poter risalire alla proprietaria nel più breve tempo possibile, ma il primo oggetto che si ritrovò in mano furono delle manette in pelo rosa! Visibilmente imbarazzato le rimise all'interno e raggiunse il capolinea. La aprì nuovamente e non trovò documenti o soldi o il cellulare che avrebbero permesso di identificare la persona ed attuare la procedura per sopperire alle difficoltà della smemorata. Ripartito dal capolinea, a circa metà percorso, una signora di mezza età bussò alla cabina di guida: *"Per caso la ga trovado una borseta?"*. Il conducente replicò: "Sì, in teoria dovrei chiederle se è questa e cosa contiene...", in modo da accertarsi che sia lei veramente la proprietaria e non una che abbia assistito alla scena del ritrovamento con l'intenzione di appropriarsene. Senza difficoltà alcuna lei rispose: "Dentro ci sono delle manette, in realtà risalgono al Carnevale di due settimane fa ma... se vuoi... questo è il mio numero!". Occhiolino e se ne andò.

Sharon Stone

Non vi racconterò di personaggi noti a Trieste, che per il loro disturbo mentale tenevano, negli anni passati, comportamenti sessuali deviati. Per fortuna, con l'avvento delle telecamere furono riconosciuti, individuati e forse curati. Da anni, infatti, non sappiamo più nulla del giovane che si masturbava e dell'ubriaca che si spogliava completamente. Rappresentarono davvero spiacevolissimi episodi soprattutto se in presenza di bambini e giovanissimi ma, per fortuna, sono stati rarissimi in tanti anni. Molto più interessante, invece, fu quella signora esibizionista che prese posto sul sedile anteriore di fianco all'autista ed iniziò con tanta malizia e sensualità a provocarlo. A ogni fermata, guardando verso lo specchio, il conducente incrociava ammiccamenti sempre maggiori e assolutamente distraenti in quel contesto. Dapprima l'occhiolino, poi la lingua sulle labbra, un seno semi scoperto. Alla fermata successiva lui si girò e lei con invidiabile prontezza di riflessi allargò le gambe ed iniziò a divertirsi da sola! Come apparve così sparì. Nessuno di noi la rivide... mannaggia!

Sesso, droga e rock and roll

Sicuramente particolare il contenuto di una cartella da disegno ritrovata a bordo di un autobus qualche anno fa. Quel genere di cartelle sono tra gli oggetti più comunemente dimenticati dagli studenti, d'altronde hanno già lo zaino sulle spalle tutte le mattine, mentre l'ora di disegno o l'ora di educazione fisica si ripetono per una/due volte alla settimana, quindi basta appoggiare a terra il sacchetto con la roba da ginnastica o, appunto, la cartella ed il danno è fatto. Quando al capolinea ne ritrovi una e la apri in modo da risalire al giovane proprietario ti aspetti di trovare il solito compasso, la squadra, il righello e fogli... non tutto l'occorrente per una serata a base di... sesso droga e rock and roll! Tre videocassette per adulti, due audiocassette di Bob Marley e dei Doors e una quantità di sigarette particolari! L'avrà dimenticata o se ne sarà liberato? E se le avesse inavvertitamente invertite... sta a vedere che stasera gli tocca fare cubi e cilindri anziché divertirsi!

Proposte esplicite

So, risulterà volgare ma giuro che è andata proprio così con testuali parole. Ad una fermata sale dalla porta posteriore una quarantenne in tailleur, prova ad obliterare il biglietto ma ha qualche difficoltà, si dirige verso l'obliteratrice anteriore per riprovare ma il biglietto è un po' sgualcito e l'operazione risulta impossibile. Si reca dal conducente e: "Senti caro, non mi penetra né davanti né dietro, provvedi tu?"

Ecco, ora immaginate voi lo sguardo dell'autista tra l'imbarazzato ed il sorpreso, tra lo speranzoso ed il divertito. Mi è stato riportato solamente di una lunga e sana risata per il malinteso, ma un detto dice "bocca che ride mutande che calano", quindi chissà?

E se questo fu un malinteso, la richiesta di una balda sessantenne non lasciò adito a interpretazioni. Al capolinea il conducente tira il freno a mano, chiude il motore e si dirige verso i bidoni dell'immondizia, la signora ignara della durata della sosta chiede se avesse fatto in tempo a recarsi dal tabaccaio. La risposta. *"Sì siora, femo tuto"*. Lei non ci pensa due volte, si avvicina e *"Femo tuto a casa mia o casa tua?"*.

GIORNO DI...

Giorno di paga.

Oggi la busta paga non ha nemmeno più la busta. Dal computer di casa o da quello in deposito, a fine mese, si entra in un sito, si inseriscono i dati ed eccolo lì l'importo che verrà bonificato. Questi gesti che oggi appaiono normali e comodi si scontrano con l'aneddoto raccontatomi da alcuni colleghi in pensione. Loro ricordano con nostalgia il pagamento in contanti e quella fila di conducenti che si formava all'interno della palazzina con gli uffici. E mentre mi descrivono quella fremente e gioiosa attesa, si rammentano di alcune persone che attendevano qualche autista. Alla mia domanda su chi fossero mi rispondono "due donne soprattutto, ma non prostitute eh, probabilmente mogli malfidenti o consce che i soldi in mano al marito erano un rischio da non poter correre ed era meglio aspettarlo lì davanti per una gestione più accurata e parsimoniosa del mese" (due su centinaia e centinaia di conducenti rappresentano sempre quell'eccezione, quella minima percentuale normale dove ci sono grandi numeri).

Il giorno della pensione.

Arriva, sempre più tardi ma arriva. L'ultima corsa, l'ultima volta su quel sedile (l'ultimo giorno sul *steco!*) è sia una liberazione sia un momento toccante. A volte trovi parenti ed amici all'ultimo capolinea, altre volte sono gli stessi utenti a festeggiarti (capitava di più in passato, con autisti su una linea fissa). E poi la festa, il saluto ai colleghi in *"cameron"*, con qualche ora di aggregazione di pensionati che si erano un po' persi di vista. Curiosa a riguardo la richiesta di uno dei futuri festeggiati: "So che si raccolgono dei soldi ed ultimamente si stanno regalando computer portatili o cellulari di ultima generazione, ecco, non sognatevi di regalarmi ste diavolerie! Un tosaerba, una motosega piuttosto, che io non mi rincoglionirò come voi!"

Ed al termine di quella festa qualche autobus viene parcheggiato a spina di pesce, il clacson e le trombe suonano e il collega ci passa in mezzo salutando col sorriso e qualche lacrima.

Il primo giorno del mese.

Quando si timbra la tessera mensile? La risposta sembra banale, facile: alla prima corsa che l'utente fa nel nuovo mese. Spesso però non è così. Tante persone anziane infatti scendono da casa in ciabatte e vestaglia, salgono sul bus e: "Solo un attimo giovinotto che timbro, non vengo con lei, timbro la tessera e scendo".

Il solo pensiero di un eventuale imbarazzo per essersi dimenticati il nuovo titolo di viaggio, di non essersi messi in regola e rischiare la sanzione davanti a tutti, rappresenta un ostacolo alla loro tranquillità, non so se il loro sonno sarà stato disturbato ma so sicuramente che è il discorso più sentito a bordo del bus il 31 e l'1 di ogni mese.

STRANEZZE QUA E LÀ

Ho chiesto ai meccanici quale fosse la cosa più strana che avessero visto su di un autobus. Mi hanno detto di essere rimasti addirittura incantati quando videro un fungo che stava crescendo sul radiatore di un bus Cacciamali. Aveva una forma mai vista prima, quasi innaturale, sembrava un alieno, qualcosa di fisico e chimico messi insieme.

Un controllore più in là negli anni mi raccontò un aneddoto davvero curioso: un conducente di linea, trenta anni fa circa, era riuscito a lavorare 25 ore in un giorno! Ma non era solo un modo per dire che faceva tantissime ore di straordinario, perché furono calcolate davvero più ore del possibile. Oggi le ore straordinarie sono regolate da normative severe che prevedono il rispetto assoluto dei tempi di riposo e di un numero massimo di ore durante il giorno, infrangerle è pressoché impossibile perché il computer stesso non accetta quella turnazione eccedente. Ai tempi delle annotazioni cartacee quel collega si rese disponibile per riempire dei turni scoperti in un periodo di particolare emergenza. Tra un turno e quello successivo si adoperò in sostituzione di vetture guaste ricevendo degli abbuoni in tempo (non vi annoio con questioni tecniche, ma più o meno per fare dei favori che avrebbero permesso di continuare il servizio gli sarebbero state annotate un'ora e mezza o due a prescindere dal reale tempo di guida). E fu così che ne accumulò così tante da diventare il mito che ne lavorò più dell'orologio.

Quando si inizia il turno di servizio su un autobus, di solito, si parte dal deposito e si finisce il turno al capolinea, ricevendo il cambio dal collega del turno successivo. Ti ritrovi, quindi, a fine turno, a dover rientrare in deposito con i mezzi per recuperare l'auto o la moto lasciata lì alla mattina presto. Viceversa chi lavora di pomeriggio lascia il proprio mezzo nei pressi del deposito per averlo subito a disposizione alla sera a fine turno, e va a lavorare con l'autobus fino al capolinea della linea assegnatagli quel giorno. C'è chi però aveva infranto il regolamento per annullare questi tempi di spostamento, ovvero aveva pensato bene di caricare la propria Vespa sul bus. Sicuramente comodo ma non rispettava le condizioni di sicurezza. Oggi con le telecamere sarebbe impossibile.

A volte vorrei essere nella mente di quei due utenti che scelgono di salire non dalla porta più vicina a loro ma da quella più lontana. Arrivi in fermata e ci sono due persone ad attenderti, distanziate tra loro da due metri circa. Ti fermi e pensi che quello più vicino a te salirà dalla porta anteriore e quello più indietro salirà dalla posteriore. Macché! Si girano guardando l'autobus e si incocciano uno contro l'altro nel tentativo di recarsi verso le porte rispettivamente più lontane. E se uno dei due ha anche accelerato il passo lo scontro tra di loro non è un colpo da niente!

Non ero a conoscenza che circa quaranta anni fa alla mia azienda fosse associato anche un servizio postale verso l'Altipiano. In particolare capitava anche di guidare un furgone, andare a prelevare sacchi di soldi in via Flavio Gioia vicino alla Stazione dei treni e, scortati dai Carabinieri, recarsi a Basovizza (probabilmente erano i soldi per le pensioni). Un mio collega di allora interpretò a modo suo la consegna e nel tentativo riuscitissimo di fare velocemente per ridurre i rischi seminò l'auto dei Carabinieri! All'arrivo a Basovizza le Forze dell'Ordine non furono affatto contente dell'accaduto e servì ricontare tutti i soldi per garantire che non ci fossero ammanchi.

Un autobus Cacciamali aveva il motore racchiuso in un vano all'interno del mezzo. Chi saliva dalla porta posteriore si trovava davanti una porta come fosse l'ingresso di uno sgabuzzino. Ebbene, non avete idea di quante volte gli utenti siano venuti da noi a chiederci: *"Scusi, la me dà le ciave del cesso per favor?"*

A noi conducenti capita di sentirsi addosso una strana sensazione quando siamo sul marciapiede al capolinea in attesa dell'orario di partenza. Una parte degli utenti a bordo infatti ci osserva, ci segue con gli occhi come a volerti mettere pressione addosso o a farti capire che hanno fretta. Alcuni miei colleghi se ne infischiano, mentre altri lo ritengono un comportamento davvero fastidioso, e per starsene in pace si allontanano di qualche metro al riparo da quegli sguardi indiscreti.

Viceversa l'utente più esperto di quella linea che parte ogni giorno alla stessa ora può risultare addirittura utile se l'autista si distrae sul cellulare trenta secondi di troppo. Non è inusuale, infatti, udire un colpo di tosse all'apparenza normale ma atto a richiamare l'attenzione. (In tempi di Coronavirus la partenza sarà puntuale, ma gli altri utenti staranno ben lontani dal tossitore squadrandolo per bene!)

Quando sono stato assunto ero, ovviamente, già in possesso delle patenti necessarie e capace di guidare mezzi pesanti, ma era previsto un periodo di istruzione in gruppo che veniva poi completato da un periodo di affiancamento da soli con un conducente esperto. Proprio quando mi sentii pronto e preparato e stavo guidando senza alcun problema il mio collega mi invitò a rallentare, rallentare ulteriormente fino quasi a fermarmi, poi si alzò in punta di piedi ed esclamò: *"No, gnente, tranquilo! Ma drio quel mureto due mule ciapa el sol nude!"*. Scoppiai a ridere e servì a darmi ulteriore tranquillità alla guida.

CORSIE PREFERENZIALI

Significato di corsia preferenziale secondo il Codice della strada: è quella parte di carreggiata riservata al transito dei mezzi del trasporto pubblico (come per esempio autobus di linea e taxi) ed ai mezzi di emergenza.

Corsia preferenziale secondo i proprietari e autisti di furgoni vari: spazio che posso usare per il minor tempo possibile dato che non trovo zone di carico/scarico libere.

Corsia preferenziale secondo autisti indisciplinati di autovetture: corsia adibita al mio parcheggio *"tanto stago poco"* proprio davanti alla pescheria, al mercato ed al bar *"cussì intanto che mia molie ciol la spesa mi bevo cafè e legio el giornal" (e se riva el tubo... son pena rivado e mia molie xe zota).*

Corsia preferenziale secondo i pedoni: strada in cui passano poche macchine *"cussì posso traversar senza vardar continuamente a destra o a sinistra, insoma per un semplice calcolo dele probabilità anche se fazo do passi zo del marciapie coss'te vol che nassi?"*.

Corsia preferenziale secondo gli autisti d'autobus: strada che in teoria mi permetterebbe di guadagnare tempo dato che evito il traffico ma che in realtà potrebbe essere fonte di problemi. Ottimisticamente vorrei che entrasse la terza marcia e guidare più rilassato, ma già quando entra la seconda devo esser pronto a frenare ancor di più che in una strada normale con un flusso più o meno regolare.

Un autista in istruzione, giunto alla fermata di piazza Goldoni, guardò verso tutta via Mazzini e disse: "Ma dobbiamo passare proprio per di qua? In mezzo a tutta 'sta gente? Sembra un formicaio da quante persone vedo!"

BICICLETTE E PEDONI

Tutti gli autobus corrono.

Tutti i vecchi brontolano.

Tutti i camionisti in autostrada effettuano il sorpasso uscendo dalla propria corsia all'improvviso.

Tutti i pedoni attraversano col rosso e scendono dal marciapiede senza guardare.

Tutti gli automobilisti se ne fregano e parcheggiano in doppia fila o dove non è consentito.

Tutti i ciclisti pedalano in gruppo orizzontale anziché in fila indiana.

Poi ci pensi meglio e ti accorgi che decine d'autobus stanno passando davanti a te rispettando limiti e regole, che conosci persone anziane di una gentilezza e riservatezza infinite, che di camion in autostrada ne hai superati centinaia ma ti resta antipatico quello che si è preparato il sorpasso da qualche chilometro e forse hai anche la terza corsia alla tua sinistra libera, che tantissimi pedoni si fanno gli affari loro guardando le vetrine diligentemente appostati sui marciapiedi, che tuo padre o un tuo conoscente non è mai andato in città con l'auto o odia andarci perché parcheggia solo ed esclusivamente nei posti a pagamento, figurarsi se si avvicina a qualsiasi linea gialla, che conosci ciclisti che ti raccontano di percorsi nei boschi e in zone dove è sicuro anche per loro pedalare.

Lo stesso discorso vale per questo libro, dove le eccezioni devono rimanere tali e non generalizzate, rischiando di rovinare un'intera categoria.

Pedoni distratti ce ne sono, ovvio, qualcuno più degli altri e idem per i ciclisti. Qualcuno che proprio non sa stare in strada c'è ma io ho una idea: e se fosse lo stesso gruppo di persone a non sapersi comportare a prescindere dal suo ruolo nella società in quel momento? Che sia quel ciclista indisciplinato a pretendere, quando diventa pedone, di oltrepassare a piedi dove non si può? Che il passeggero di un bus strapieno che urla sette volte in modo sempre più antipatico "Permessooo?!?" sia lo stesso che in automobile si attacca al clacson appena scatta il verde? Che, magari risalendo alla loro adolescenza, troviamo un comune denominatore, tipo qualche maestra signorina Rottermeier ligia a regole ferree tali da mandarli in tilt e volerle sempre violare?

Sono sicuro che la comunicazione "Via Mazzini ciclabile" sarebbe vista correttamente da tanti, ma verrebbe anche mal interpretata, come già successo e visto da decine di miei colleghi, da qualche famigliola senza cultura ciclistica, che la considererebbe come strada a loro unica disposizione, sistemandosi affiancati ed ostruendo la viabilità, che invece va condivisa con gli altri, e mettendosi loro stessi in pericolo. Un po' più di cultura, educazione e spazi appositi renderebbero tutto più facile come in tantissime altre città. Forse in futuro ci riusciremo. Forse.

RAPPORTO DI INCIDENTE

Si spera non capiti... ma capita. Gli incidenti, con torto o ragione, e qualsiasi anomalia del servizio, quali ad esempio cadute di persone o problematiche di varia natura, vanno segnalate per iscritto. A volte è sufficiente una nota sul foglio che accompagna la vettura per tutto il servizio, altre volte è necessario compilare un intero foglio A4 fronte e retro.

Se la dinamica dell'accaduto è particolarmente complicata da descrivere, qualcuno si appoggia ai rappresentanti sindacali o a qualche collega più esperto. Capita però che...

Dopo aver impiegato più di qualche minuto a compilare (con bella calligrafia) data, ora, luogo dell'incidente, fondo stradale asciutto o bagnato, nome, cognome, residenza, telefono, patente numero con relativa scadenza, targa del proprio veicolo, targa degli altri veicoli coinvolti, nomi di testimoni, nome del controllore intervenuto, eventuali mezzi di soccorso e danni ai veicoli, bisogna descrivere quanto accaduto in modo chiaro spiegando l'esatta dinamica. Ecco che il neoassunto ha la malaugurata idea di affidarsi a un collega esperto. *"Scrivi, scrivi, te deto mi!"*, risponde questo, assicurandosi la fiducia del malcapitato giovane collega. *El vecio remenela* inizia: "Nonostante...", e già si ritrova gli occhi sgranati addosso. "*Scrivi, tranquilo, mi so! Alora...* Nonostante sia..." e il giovane prosegue senza capire dove andasse a parare, ma mantenendo il riguardo... "Nonostante sia profumatamente pagato..."

Dopo aver scritto *profu*, il giovane strappa il foglio già perfettamente compilato e manda letteralmente a cagare il collega anziano, che aveva già raccolto dietro a sé una serie di conducenti divertiti, sapendo che lui ne combina una ogni giorno!

UN RACCONTO

Mi chiedo dove vada questo pensionato con la prima corsa della 20...

Me domando cossa casso ga de vardarme sto autista...

Penso che quando andrò in pensione, se mai ci andrò, dormirò fino alle 9 e recupererò tutte le ore di sonno perse...

Ciò se el savessi che serata che go fato ieri, con sto feisbuk go ribecà la prima moroseta de ani fa...

Dai forse non è scappato da una casa di riposo e magari ha una figlia che deve andare a lavorare...

Iero casa sua, go ciolto el pirolon, gavemo fato do colpi e do salti ben fati e se gavemo indormenzà...

Forse dovrà accudire due nipoti, ma poveri bimbi perché mi sembra un po' stordito questo nonno tutto spettinato...

E ale quatro la me ga fato ricordar che difeto che la gaveva, perché go perso un ninin de udito ma el naso, dato che no go mai fumado, el me funziona ben...

E poi chissà perché ci va da solo dalla figlia, avrà perso

la moglie e lui fa quel che può...

Insoma la tirava dei tuoni che no podevo più, me son alzado e via mi. ara che xè longhi dormir ogni mese con una baba diversa che una tira piade l'altra se alza drio man come se gavessi ela la prostata e sta altra scoresa...

Devo stare attento anche a dove scenderà, non ha il bastone ma la fermata dovrò farla bene vicino al marciapiede...

Ciò che bale, tra poco la me messagerà disendome che go fato come quel dela canzon dei pù: mi dispiace devo andare, il mio posto è là...

Però, se non va dai nipoti, che brutto non riuscire a dormire dopo una vita di sacrifici e dover cercare compagnia in autobus...

Bon, partirà sto mona che vado dormir un par de ore e ale diese me trovo con quel paiazo de Dade che me conterà le sue solite cazade... ndemoooooo...

Andiamo.

AL TEMPO DEL COVID

In un libro prettamente ironico inserire un argomento pesante che ha sconvolto e ribaltato le nostre vite è davvero difficile. Sicuramente il trasporto pubblico è uno di quei settori che più ha avuto a che fare con regole mutanti di settimana in settimana, e per garantire il servizio in base alle direttive nazionali ci son stati richiesti sforzi e sacrifici notevoli. Mi limito ad esporre una proposta quasi irrealizzabile ma che sui social ha trovato notevole eco e un fatto che lascia un sorriso dolce/amaro del classico *"no so se rider o pianzer!"*.

La proposta

Primavera 2020, giornate splendide. Si propone che per ogni autobus venduto si acquistino cinque trenini: avete presente quei trenini su gomma in servizio nelle località turistiche? Ecco, pensate a quanti vantaggi! Non sei in un luogo chiuso, facilità di rispettare la distanza da un altro utente, respiri aria buona perché la città è pulita, vai a lavorare più leggero perché ti sembra di essere in vacanza, sorridi salutando tutti, se per caso fa più fresco ci aggiungiamo dei pedali così ti scaldi e risparmiamo e non inquiniamo. Lato negativo: la lentezza, ma vabbè, abbiamo dormito tanto stando a casa, svegliamoci dieci minuti prima! E se i lavoratori hanno così tanta fretta, riserviamo il trenino agli anziani che immagino allegri e canterini... col foulard per la cervicale, ovvio!

Un fatto

Siamo all'inizio del lungo periodo di difficoltà e disagio. Le prime notizie sul reale modo di contagio del Covid e sul relativo distanziamento non sono ancora chiarissime. L'autobus sta riportando a casa una trentina di persone, troppe? In numero esatto? Secondo un noto personaggio triestino in cura presso il centro igiene sono un po' troppe, tant'è che si mette a tossire. Col senno di poi quella tosse la ricordo come sforzata e innaturale ma sufficiente, in quel momento, ad allarmare una decina di persone. C'è chi preferisce scendere e chi si appropria di quel metro lasciato libero. Solo a quel punto lui esclama *"Tranquilo autista, stago ben, go fato aposta cussì stemo tuti più tranquili e comodi perché MI SON MATO, MIGA MONA!"*.

CHILOGRAMMI

Data assunzione 23 Settembre 1996. Sana e robusta costituzione ovvero ottanta chili di muscoli e addominali scolpiti, tanti capelli, nessuno grigio.

Fine estate 2018: capelli pochi e grigi e centodue chili.

Oggi va meglio, tranquilli. A casa, incorniciato in un quadretto, c'è un elogio da parte di un utente che recita così: segnalo il comportamento esemplare di un giovane signore dai capelli bruni eccetera. Oggi i miei figli lo hanno riletto soffermandosi su "giovane?", "capelli?" e "bruni?". Papà non sei tu, mi hanno detto!

Ventidue chili in ventidue anni! C'è chi ha fatto meglio comunque. Non proprio un chilo all'anno, dato che negli ultimi anni a causa di un acciacco, l'abbandono dell'attività sportiva agonistica e tante feste, l'aumento di peso ha subito una bella accelerata.

Cosa comporta tutto questo? Che i pantaloni della divisa non mi entrano più! Devo stare attento alla prossima comunicazione interna per sapere gli orari dell'ufficio vestiario e del sarto. (A proposito di vestiario, quanta nostalgia e quanto entusiasmo ho visto negli occhi dei colleghi pensionati nel dirmi "A noi ci vestiva Beltrame in Corso Italia eh!", e qualcuno di loro rinunciava a qualche pezzo della divisa per accordarsi e avere un abito per la moglie).

Ridiamoci su. Stavo mangiando in mensa con un collega coetaneo, uno di fronte all'altro, e ad un certo punto mi sposto lateralmente come a schivare qualcosa. Alla sua domanda su cosa stava succedendo gli ho risposto: "No, niente, tranquillo, ma mi sono accorto che il terzo bottone della tua camicia sta proprio per esplodere, i due lati non cadono giù dritti, ma sono un insieme di semicerchi trattenuti nelle asole dai bottoni con le loro ultime forze, e se quello parte all'improvviso nella mia direzione come minimo mi accechi!". Scoppiamo a ridere, ma lo fa anche il collega alla mia destra, proprio quando stava per addentare una sfogliata alla crema, e tutto lo zucchero a velo viene involontariamente soffiato addosso a quello che gli stava davanti, che si ritrova la faccia e la divisa imbiancata.

ARRIVATI! CAPOLINEA!

Grazie!

Con enorme stima, affetto e riconoscenza ringrazio i colleghi che mi hanno raccontato le loro avventure. Alcune non erano davvero pubblicabili e, vi assicuro, andavano oltre ogni fantasia! Voi sapete chi siete e quanto ve ne sia grato. Ma con altrettanta stima ringrazio anche chi non mi ha raccontato alcunché: alla mia domanda *"Ciò, contime qualcossa dei! Coss'te xe nato in servizio?"*, ci hanno pensato e ripensato ma niente. Probabilmente in ciò c'è una componente fortuita se tutto fila sempre perfettamente liscio, altri, invece, non avranno fatto caso alle sfumature del loro servizio, mentre una minima percentuale ha dichiarato che quando finisce il turno dimentica tutto e non porta niente a casa (dite a tutti i lavoratori di ogni categoria e mestiere come si fa, grazie!). Ma, ne sono convinto, centinaia di autisti lavorano e hanno lavorato proprio nel silenzio della regolarità e se la "nostra" Azienda è tra le prime in Italia per qualità lo dobbiamo certamente a loro!

Grazie al collega che mi ha detto: *"No go robe de rider de contarte, solo robe de pianzer!"*. Ma quando ha finito la frase ci abbiamo riso su, quindi, eccoti qua!

Ringrazio i pensionati che mi hanno fatto fare un balzo nostalgico nel tempo.

Un saluto ai due conducenti *"muiesani"* non proprio giovanissimi che mi hanno detto: *"Mi e lui per la testa gavemo solo babe! No gavemo roba de contarte ma se ricordemo ogni ucraina, rumena e brasiliana che xe passada per de qua!"*

Grazie alla mia Azienda, soprattutto nella persona di Michele Scozzai, che ha capito subito cosa e come intendevo scrivere, dandomi il permesso di gironzolare per uffici, magazzini e autobus a farmi gli affari degli altri.

Grazie ai miei parenti e amici più cari per essere ogni giorno il motivo per cui sorrido. (Anche da solo mentre guido l'autobus, ovvio!)

SOMMARIO

WHITE COCAL PRESS

Libri e morbin a Trieste

DIALETTO

Il dialetto nel Porto di Trieste - ieri e oggi (2021)
Nereo Zeper

I soliti veceti (2020)
Raimondo Cappai e Paolo Stanese

Le disgrazie del tran de Opcina (2019)
Diego Manna

The Origin of Nosepolis (2018)
Diego Manna

L'amor al tempo del refosco (2018)
Laura Antonini e Stefano Bartoli

Monon Behavior (2017)
Diego Manna

Radiodrammi di coppia (2017)
Alessandro Mizzi

Daghe (2017)
Ricky Russo

LE CICLOMALDOBRIE

Zinque bici e un amaro Montenegro (2015)
Diego Manna

Polska... rivemo! (2013)
Diego Manna e Michele Zazzara

Zinque bici, do veci e una galina con do teste (2012)
Diego Manna e Michele Zazzara

MANUALI DEL MORBIN

50 cose da non fare a Trieste (2020)
Andrej Prassel

Meio un omo ogi e uno doman (2020)
Flavio Furian e Massimiliano Cernecca

Il manuale della boba de Borgo (2019)
Flavio Furian e Massimiliano Cernecca

Il libri des rispuestis furlanis (2018)
Felici ma furlans e Andrej Prassel

El libro dele risposte triestine (2017)
Andrej Prassel

Triestini e napoletani (2017)
Micol Brusaferro e Chiara Gily

STRAFANICI

Mati drio el balon (2021)
Giuseppe Vergara e Chiara Gelmini

Sua maestà Capo in B (2020)
Micol Brusaferro e Chiara Gelmini

Animali triestini e dove trovarli (2019)
Giulio Giadrossi e Chiara Gelmini

Inps factor - i veci de Trieste (2019)
Micol Brusaferro e Chiara Gelmini

Libero libera tutti (2019)
Francesca Sarocchi e Chiara Gelmini

Mirella Boutique (2018)
Micol Brusaferro e Chiara Gelmini

Ciacole al Pedocin (2016)
Micol Brusaferro e Chiara Gelmini

El Pedocin (2015)
Micol Brusaferro e Chiara Gelmini

STRUCOLETI
Strafanici per tuti i cantoni de Trieste (2021)
Cristina Marsi e Dunja Jogan

La trisnonna Clementina e la Risiera di San Sabba (2020)
Alessandro Slama e Roberta Zucca

Sisì, Ottone e la cantina musicale (2018)
Zita Fusco e Fabrizio Di Luca

SAN NICOLÒ
Le mudande de San Nicolò (2020)
Cristina Marsi e Ingrid Kuris

San Nicolò e i Krampus (2020)
Cristina Marsi e Ingrid Kuris

La bereta de San Nicolò (2019)
Cristina Marsi e Ingrid Kuris

NARRATIVA
Trieste città dell'Oktoberfest (2019)
Dino Bombar

La magia di Trieste (2019)
Erica Bonanni

L'Osmiza sul mare (2016)
Diego Manna

PUPOLI
Vox Pupoli (2020)
Vile&Vampi

La leggenda della Bora (2020)
Edda Vidiz e Bernardino Not

STORIA
Vita a Palazzo Silos (2021)
Annamaria Zennaro Marsi

Trieste 1719: quando gli Asburgo scoprirono il mare (2019)
Edda Vidiz

Tergeste, dove regna la bora (2018)
Edda Vidiz

GIOCHI
Fish n' Ships (2020)
Diego Manna e Roberta Zucca

Barkolana (2017)
Diego Manna e Erika Ronchin

FRICO il gioco per il dominio del Friuli Venezia Giulia (2015)
Diego Manna e Erika Ronchin

www.ingramcontent.com/pod-product-compliance
Ingram Content Group UK Ltd.
Pitfield, Milton Keynes, MK11 3LW, UK
UKHW041956190726
13854UKWH00005B/2008

9 788831 908504